edexcel
advancing learning, changing lives

Edexcel GCSE
French

Written by Clive Bell,
Rosi McNab and Gill Beckett

D1147113

Wycliffe
Modern Languages Department

Name	Year	House	Date Issued	Date Returned
D'Vario Thompson	2010	Rob.	Sept/10	

Foundation

A PEARSON COMPANY

Published by Pearson Education Limited, a company incorporated in England and Wales, having its registered office at Edinburgh Gate, Harlow, Essex, CM20 2JE. Registered company number: 872828

www.heinemann.co.uk

Edexcel is a registered trade mark of Edexcel Limited

Text © Pearson Education Ltd. 2009

First published 2009

12 11 10 09

10 9 8 7 6 5 4 3 2

British Library Cataloguing in Publication Data
A catalogue record for this book is available from the British Library

ISBN 978 1 846904 88 2

Copyright notice
All rights reserved. No part of this publication may be reproduced in any form or by any means (including photocopying or storing it in any medium by electronic means and whether or not transiently or incidentally to some other use of this publication) without the written permission of the copyright owner, except in accordance with the provisions of the Copyright, Designs and Patents Act 1988 or under the terms of a licence issued by the Copyright Licensing Agency, Saffron House, 6–10 Kirby Street, London EC1N 8TS (www.cla.co.uk). Applications for the copyright owner's written permission should be addressed to the publisher.

Edited by Catriona Watson-Brown
Original design by Ken Vail Graphic Design, Cambridge
This edition by Oxford Designers & Illustrators Ltd.
Original illustrations © Pearson Education Ltd. 2009
Illustrated by Beehive Illustration (Theresa Tibbetts, Ellen Hopkins), Graham-Cameron Illustration (David Benham), Ken Laidlaw, Bill Ledger.
Cover photo © photolibrary
Printed in Italy by Rotolito Lombarda

Acknowledgements
We would like to thank Richard Marsden, Sylvie Fauvel, Anne French and Michel Groulard for their invaluable help in the development and trialling of this course.

The authors and publisher would like to thank the following individuals and organisations for permission to reproduce photographs:
AKG-Images/Warner Bros. Album p. 32 (Harry Potter), 196 (Harry Potter) **Alamy** p. 54 (bus station, stadium, swimming pool, theme park, town square), 58, 66 (sports stadium, swimming pool), 108 (policeman, postwoman), 156 (hunger) **Alamy/Channel Island Pictures** p. 124 (surf) **Alamy/Detail Nottingham** p. 76 (opening present) **Alamy/DirectPhoto** p. 76 (cinema) **Alamy/Geoffrey Morgan** p. 124 (farm) **Alamy/Image Source Black** p. 24 **Alamy/Jean-Yves Roure** p. 62 (chateau) **Alamy/Jupiter Images/Pixland** p. 95 **Alamy/Mike Goldwater** p. 98 **Alamy/Peter Bowater** p. 74 (train) **Alamy/Richard Cooke** p. 6 (TGV) **Alamy/Roger Bamber** p. 60 **Alamy/Rubberball** p. 76 (party) **Anthony Blake Photo Library** p. 77 (foie gras) **Axiom** p. 122 (Excelsior) **BananaStock** p. 156 (Mathis) **Corbis** p. 19, 39 (skateboarder), 77 (fireworks), 108 (farmer, mechanic, nurse, lorry driver, waiter), 116 (mechanic), 156 (AIDS), 159 (flats), 181 (Harry Potter), 186 **Digital Stock** p. 166 (bird) **Digital Vision** p. 166 (toad), 187 **Empics** p. 32 (African dancers, Macbeth), 36 (La Nouvelle Star), 39 (rugby players), 54 (cinema), 108 (checkout operator) **Getty Images** p. 26, 32 (Shakira), 116 (car engine), 156 (terrorism) **Getty Images/Jasper Juinen** p. 39 (cyclists) **Getty Images/PhotoDisc** p. 7 (Eiffel Tower), 10 (ski, flute, basketball), 54 (chateau), 74 (David), 77 (turkey), 100, 133 (kayaking, hiking, Notre Dame), 136, 156 (Éléa, Jade, Blanche), 174 (wooden chalet) **Getty Images/Photographer's Choice** p. 76 (friends at party) **Getty Images/Stone** p. 76 (presents) **Getty Images/Taxi** p. 76 (stairwell) **Grand Canyon National Park** p. 126 **Images of France** p. 51 **ImageState** p. 108 (baker), 173 **iStockPhoto.com/Anna Yu** p. 166 (lake) **iStockPhoto.com/Philip Lange** p. 124 (tent) **iStockPhoto.**

com/Steven van Soldt p. 76 (rollercoaster) **Jupiter Images/Photos.com** p. 97 (Raoul), 112 (Yann, Ryan, Hakim) **Panos Pictures** p. 156 (poverty) **PA Photos/ABACA/Gouhier Nicolas** p. 39 (Sessegnon) **PA Photos/EMPICS Sport/Joe Giddens** p. 18 **Pearson Education Ltd/Carlos Reyes Manzo** p. 54 (sports centre) **Pearson Education Ltd/Chris Parker** p. 77 (Blanche), 79 (Clément), 146 (girl 2) **Pearson Education Ltd/Clark Wiseman, Studio 8** p. 77 (Nicolas, Marine), 146 (girl 3) **Pearson Education Ltd/Debbie Rowe** p. 54 (ice rink), 59 (beach), 66 (ice rink) **Pearson Education Ltd/Gareth Boden** p. 40 (Liane), 74 (Nabila), 91, 92, 105 (Benoît, Thierry), 112 (Shazia), 170, 179, 181 (girl), 184 (Antonin, Théo) **Pearson Education Ltd/Jules Selmes** p. 6 (basketball), 7 (girl), 8 (Pascal, Laurent, Karima), 40 (Laurent, Marie, Farid, Justine, Pascal), 42 (girls, Natascha, Hugo), 52 (flats, house with flats, townhouse), 54 (station, hypermarket, park, church), 59 (old town), 66 (hypermarket, park, library, train station, hospital, church, toilets, shopping street), 69, 72, 74 (Chloé, Karim, Julie, Louis), 77 (Vincent), 79 (Liane, Natascha), 82, 97 (Marine, Séverine), 105 (Natacha, Lucie, Alima), 107 (childcare), 112 (Lydie, Amélie), 114, 130 (pizzeria, burger bar, brasserie, crêperie, chicken, pizza, crêpe, burger), 146 (boy 4, girl 5, girl 6), 152, 174 (flats), 184 (Francine, Moissette) **Pearson Education Ltd/Martin Sookias** p. 54 (market) **Pearson Education Ltd/Rob Judges** p. 110 (boy) **Photo 12** p. 36 (Les Indestructibles) **Photolibrary** p. 159 (traffic jam) **Photolibrary/Age Fotostock** p. 122 (de la Poste) **Photolibrary/Brand X Pictures** p. 44 **Photolibrary/Digital Vision** p. 80 **Photolibrary/Foodpix** p. 76 (birthday cake), 150 **Photolibrary/Hemis** p. 122 (Belle Vue) **Photolibrary/Jean-Luc Armand/Photononstop** p. 124 (cycling) **Photolibrary/Patrick Somelet/Photononstop** p. 62 (caves) **Photolibrary/The Travel Library Ltd** p. 128 **Reed International Books Australia PTY Ltd/Lindsey Edwards Photography** p. 107 (hairdresser), 108 (hairdresser) **Rex Features** p. 17, 36 (Harry Potter, Astérix) **Rex Features/24/7Media** p. 164 **Rex Features/Eye Ubiquitous** p. 122 (Maxime) **Rex Features/Woman's Weekly** p. 77 (chocolate log) **Richard Smith** p. 110 (lady) **Shutterstock/Alfgar** p. 174 (house with pool) **Shutterstock/Amin Rose** p. 161 (ice caps) **Shutterstock/Andreas G Karelias** p. 159 (village) **Shutterstock/Ant Clausen** p. 134 **Shutterstock/Bill Lawson** p. 146 (boy 1), 156 (Tariq) **Shutterstock/Carlo Dapino** p. 108 (doctor) **Shutterstock/Copestello** p. 156 (tank) **Shutterstock/Ferenc Cegledi** p. 7 (Arc de Triomphe) **Shutterstock/Lazar Mihai-Bogdan** p. 54 (Louvre), 66 (Louvre) **Shutterstock/Lynn Lin** p. 124 (house by lake) **Shutterstock/Mark Yuill** p. 124 (kayak) **Shutterstock/Olly** p. 108 (chef) **Shutterstock/Paul Prescott** p. 52 (country house), 174 (country house) **Shutterstock/p|s** p. 77 (Romain) **The Kobal Collection** p. 31 **The Kobal Collection/Dreamworks** p. 36 (Madagascar 2) **The Kobal Collection/Marvel/Sony Pictures** p. 46

Every effort has been made to contact copyright holders of material reproduced in this book. Any omissions will be rectified in subsequent printings if notice is given to the publisher.

Websites
The websites used in this book were correct and up to date at the time of publication. It is essential for tutors to preview each website before using it in class so as to ensure that the URL is still accurate, relevant and appropriate. We suggest that tutors bookmark useful websites and consider enabling students to access them through the school/college intranet.

Disclaimer
This material has been published on behalf of Edexcel and offers high-quality support for the delivery of Edexcel qualifications.

This does not mean that this material is essential to achieve any Edexcel qualification, nor does it mean that this is the only suitable material available to support any Edexcel qualification. Edexcel material will not be used verbatim in setting any Edexcel examination or assessment. Any resource lists produced by Edexcel shall include this and other appropriate resources.

Copies of official specifications for all Edexcel qualifications may be found on the Edexcel website: www.edexcel.com

Table des matières

What is *Edexcel GCSE French*?

Edexcel GCSE French is a lively and accessible course written to prepare you for the new Edexcel GCSE French specification. It will help you to enjoy learning French and achieve the best possible GCSE grade. The course provides full coverage of the controlled assessment themes and the four common topic areas:

Controlled assessment themes	Common topic areas
Media and culture	Out and about
Sport and leisure	Customer service and transactions
Travel and tourism	Personal information
Business, work and employment	Future plans, education and work

How does *Edexcel GCSE French* work?

The course consists of nine modules, each of which focuses on one or two aspects of the themes and common topic areas in the table above.

Each module is structured as a number of two-page units to break down the information into manageable and accessible sections.

Some of the language you need for GCSE will already be familiar to you. *Edexcel GCSE French* revises the relevant language you covered in earlier years, as well as introducing the new vocabulary you need for your GCSE course.

Most units contain activities to practise all four skills:

- **listening** – to practise understanding spoken French in a variety of different contexts
- **speaking** – to practise communicating with French speakers, both at home and abroad
- **reading** – to practise understanding a wide range of texts in French, such as magazine articles and information found on the Internet
- **writing** – to practise producing your own texts in clear and accurate French.

How does *Edexcel GCSE French* help me with my GCSE exams?

Edexcel GCSE French Foundation Student Book is written to help you to get the best possible GCSE grade. Throughout the book you will find lots of tips on how to improve your French and advice on how to use your French to impress the examiners. Your **reading and listening skills** will be tested in an exam at the end of the course. The texts you will read and the passages you will listen to in the book are similar in style and length to the ones you will encounter in your exams. There are many exam-style activities and questions, so that you know exactly what to expect. There are also five units that deal specifically with reading and listening skills. These are called *Lire et écouter*.

How does the Student Book help me with my controlled assessments?

In addition to exams in reading and listening, your **speaking and writing skills** will be assessed in **controlled assessments** that can take place throughout your GCSE course. At the end of every module in the Student Book, there are extra units which give you practice in the types of tasks you will need to do, both speaking and writing:

- *Contrôle oral* units provide practice in the three types of task that you may encounter in your speaking assessment: interactions, presentations and picture-based discussions. You can listen to recordings of students your own age performing these tasks, analyse their performance and discover the strategies you can use to impress.

- *Contrôle écrit* units provide practice in composing pieces of writing you can present for your writing assessment. A model text shows you what aspects of language to include in your writing to gain the highest possible grade.

Both the *Contrôle oral* and *Contrôle écrit* units contain a colour-coded **ResultsPlus** panel. This shows exactly what you must include in your speaking and writing to gain the best grades and explains what the examiners are looking out for grade by grade, from getting the basics right (purple) to achieving a Grade C (blue) and

improving your marks (orange). And every spread contains the *Épate l'examinateur* feature, a 'star tip' that will wake the examiner up and make you stand out from the crowd!

What about practice and revision?

- The *Mots* section at the end of each module summarises all the key language of the module to help you learn and revise vocabulary topic by topic.

- The *Grammaire* section at the end of the book covers exactly what you need to know about all the main grammar points covered in the book and explains how each one is important for your GCSE. It also includes lots of practice activities to test your knowledge.

- The *Vocabulaire* section at the end of the book provides a list of the French vocabulary in the texts in the book.

Visit the Exam Zone on the ActiveTeach CD-Rom for:
- interactive grammar practice
- recordings of the word lists
- top revision tips
- exam preparation guidance.

1 Moi

Déjà vu 1

1 Écoutez et lisez. Copiez et remplissez la grille. (1–3)
Listen and read. Copy and fill in the table.

Je m'appelle Laurent. J'ai quinze ans et j'ai une sœur jumelle, Amélie. J'habite à Bruxelles en Belgique, et je parle français. Je suis assez grand et mince. J'ai les yeux verts et les cheveux bruns. Mon anniversaire est le 10 octobre.

Je me présente. Je m'appelle Pascal, j'ai quatorze ans et mon anniversaire est le 15 août. Je suis français et j'habite en France, à Lyon. Je suis assez grand et j'ai les yeux bleus et les cheveux bruns. Mes deux sœurs s'appellent Lydie et Sophie et nous avons un chat, qui s'appelle Ludo.

Mon nom est Karima. J'habite à Marseille dans le sud de la France. Mon anniversaire est le 10 novembre et j'ai seize ans. Mon frère a dix ans et s'appelle Hakim. Je suis de taille moyenne. Mes yeux sont marron et mes cheveux sont noirs. Nous avons un chien et un oiseau.

	âge	anniversaire	pays	ville	famille	taille	cheveux	yeux
Pascal			France	Lyon				
Laurent								
Karima								

Déjà vu 1

2 Écoutez. D'où viennent-ils? Choisissez le bon nombre et la bonne lettre. (1–6)
Listen. Where are they from? Choose the correct number and the correct letter for each one.

Luc	1 Montréal	a en Angleterre
Florence	2 Bruxelles	b en Belgique
Camilla	3 Genève	c en Espagne
Raúl	4 Londres	d en France
Julie	5 Madrid	e en Suisse
Valentin	6 Marseille	f au Canada

Expo-langue

When saying where someone lives, you use **en** with feminine countries:
J'habite **en** Suisse / **en** Écosse.

You use **au** with masculine countries:
J'habite **au** Canada.

3 **À deux. Où habitent-ils? Présentez les concurrents.**

In pairs. Where do they live? Present the competitors.

Exemple: **1** Voici Marie-Claire. Elle habite à … en …

1 la France, Marie-Claire, Marseille

2 la Suisse, Étienne, Lausanne

3 le Canada, Gauthier, Montréal

4 l'Irlande, Fergus, Dublin

5 l'Écosse, Shona, Édimbourg

6 l'Angleterre, Daniel, Londres

7 le pays de Galles, Richard, Cardiff

4 **Copiez et complétez votre carte d'identité.**

Copy and complete your identity card.

Les mois		**La famille**
janvier	juillet	un frère
février	août	un demi-frère
mars	septembre	une sœur
avril	octobre	une demi-sœur
mai	novembre	un chat
juin	décembre	un chien

Nom _____
Prénom _____
Âge _____
Date d'anniversaire _____
Ville _____
Pays _____
Signes particuliers (yeux/cheveux) _____
Famille _____
Animaux _____

5 **Écrivez une lettre à un nouveau corres français.**

Write a letter to a new French penfriend.

Bonjour, je me présente:
Je m'appelle … J'ai … ans et mon anniversaire est le …
J'habite à … en/au …
Je suis (assez) grand(e)/(assez) petit(e)/de taille moyenne
et j'ai les yeux … et les cheveux …
J'ai un frère/une sœur qui s'appelle …
J'ai un chien/chat.
Je n'ai pas d'animal.

je suis – I am
j'ai – I have
je n'ai pas de – I haven't

6 **Présentez-vous. Préparez six phrases pour vous présenter à un(e) Français(e). Écrivez un mot-clé ou une phrase pour chacune.**

Introduce yourself. Prepare six sentences to introduce yourself to a French person. Write down a key word or phrase for each sentence.

Exemple: nom / âge / domicile …

Déjà vu 2

1 **Écoutez et lisez. Répondez aux questions.**
Listen and read. Answer the questions.

J'aime le sport. Mon sport préféré, c'est le basket. J'aime aussi faire du vélo et jouer au football, mais je déteste le jogging. En été, j'aime faire du kayak, et en hiver, j'aime faire du ski. Je n'aime pas regarder la télé, sauf les matchs de foot, mais j'aime jouer à l'ordinateur. J'aime écouter de la musique et jouer de la guitare. J'aime aussi lire les magazines, mais pas les BD. Le week-end, j'aime aller à la pêche avec mon copain, et le soir, j'aime jouer aux cartes avec lui. Qu'est-ce que tu aimes faire?
Luc

En été, j'aime aller au bord de la mer, mais je n'aime pas faire de la natation et je n'aime pas jouer au volley ou au tennis. Je ne suis pas sportive. En hiver, j'aime rester à la maison et lire des BD ou écouter de la musique. J'aime aussi regarder les séries à la télé et aller au cinéma. Le cinéma, c'est ma passion. J'adore aller au cinéma.
Marjolaine

Qui ...
1 n'aime pas nager?
2 aime jouer d'un instrument?
3 aime lire des BD?
4 est sportif/sportive?
5 aime regarder la télé?
6 n'aime pas faire du ski en hiver?

en été – in summer
sauf – except
en hiver – in winter
C'est ma passion. – I'm mad about it. / It's my favourite thing.

2 **Écoutez et notez en français (a) ce qu'ils aiment faire et (b) ce qu'ils n'aiment pas faire. (1–4)**
Listen and note in French (a) what they like doing and (b) what they don't like doing.

Expo-langue →→→→

Grammaire **197**

Use **aimer** + the infinitive to say you like doing something:

j'**aime faire** du sport/vélo/ski/camping/kayak/canoë
de l'équitation/escalade
de la natation

Use **jouer à** to say you play *a sport or a game*:
je **joue** **au** foot/basket/tennis/volley/handball
aux cartes/échecs
à l'ordinateur

Use **jouer de** to say you play *an instrument*:
je **joue** **du** piano/violon
de la guitare/batterie

3 À deux. Posez des questions et répondez.
In pairs. Ask and answer questions.

- ■ Aimes-tu faire du sport?
- ● Oui, j'aime ... / Non, je n'aime pas faire du sport.

- ■ Aimes-tu jouer (au foot/au tennis/ au volley)?
- ● Oui, j'aime ... / Non, je n'aime pas ...

- ■ Aimes-tu faire (de l'équitation/ de la natation/du ski)?
- ● Oui, j'aime faire ... / Non, je n'aime pas faire ...

- ■ Pourquoi?
- ● C'est (génial/super/ennuyeux/fatigant). Je n'aime pas (l'eau froide/les chevaux).

- ■ As-tu une passion?
- ● Oui, ma passion, c'est ...

 4 Écoutez. Que font-ils? Copiez et remplissez la grille. (1–2)
Listen. What do they do? Copy and fill in the table.

	lundi	mardi	mercredi	jeudi	vendredi	samedi	dimanche
Serge	/						
Barbara							

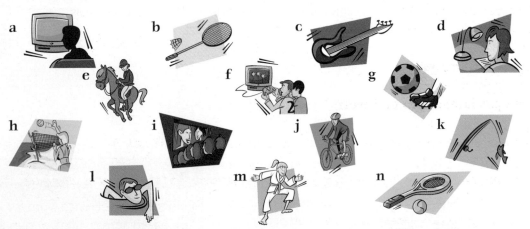

 5 Écrivez un paragraphe: ce que j'aime faire et ce que je n'aime pas faire.
Write a paragraph: what I like and don't like doing.

Je m'appelle (Isabelle). Ma passion, c'est ...
Je joue au tennis (deux fois) par semaine.
J'aime aussi (jouer de la guitare).
Je n'aime pas (faire du vélo) parce que c'est fatigant.
D'habitude, je fais/joue ...

| une fois – once |
| deux fois – twice |
| souvent – often |
| d'habitude – usually |
| le mercredi – on Wednesdays |

 6 Faites une présentation.
Give a presentation.

lire **1** **Ma famille. Comment s'appellent-ils? Que dit Amélie?**

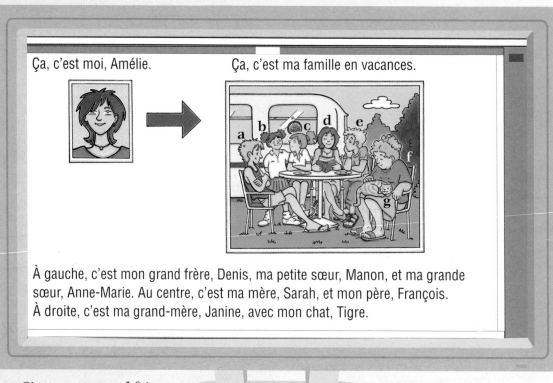

Ça, c'est moi, Amélie.

Ça, c'est ma famille en vacances.

À gauche, c'est mon grand frère, Denis, ma petite sœur, Manon, et ma grande sœur, Anne-Marie. Au centre, c'est ma mère, Sarah, et mon père, François. À droite, c'est ma grand-mère, Janine, avec mon chat, Tigre.

Exemple: **a** C'est mon grand frère.
Il s'appelle ...

écouter **2** **Écoutez. Comment s'appellent-ils? Écrivez les prénoms. (1–9)**

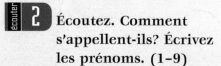

Barbara Élodie Françoise

Jacques Jean-Luc Ludo

Sébastien Thomas Yannick

1 mon grand-père
2 ma grand-mère
3 ma mère
4 mon père
5 mon grand frère
6 mon petit frère
7 ma sœur
8 mon chien
9 mon chat

Expo-langue →→→ *Grammaire* **192**

Remember: the French word for 'my' has to agree with the noun.

masculine	feminine	plural
mon frère	**ma** sœur	**mes** parents

parler **3** **Parlez de votre famille.**

Exemple: Voici mes grands-parents.
Mon grand-père s'appelle ...

grand-mère grand-père

Francine = Jean-Paul

père mère

Jacques = Sandrine

frère sœur sœur   frère

Vincent   Anne-Laure   Chloé   Louis

4 Écoutez. Qui s'entend bien avec ses parents? Copiez et marquez
E (s'entend bien) ou D (se dispute). (1–4)

	mère	père
1 Denis		
2 Manon		
3 Amélie		
4 Anne-Marie		

> Je m'entends bien avec …
> – I get on well with …
> Je me dispute avec …
> – I don't get on well with / I quarrel with …

5 Lisez le texte et complétez les phrases.

D'habitude, **je m'entends bien avec** ma petite sœur parce qu'on aime la même musique et on joue ensemble à l'ordinateur.

Je ne m'entends pas bien avec mon grand frère parce qu'il n'aide pas à la maison. C'est toujours moi qui dois aider.

Je me dispute avec ma mère parce qu'elle est trop sévère quand je ne range pas ma chambre. En revanche, **je m'entends bien avec** ma grand-mère. Je peux lui parler de tout.

Je me dispute toujours avec ma grande sœur parce qu'elle est toujours dans la salle de bains quand je veux y aller.

Je ne m'entends pas bien avec mon père parce qu'il est trop sévère. Il me critique tout le temps. En revanche, **je m'entends très bien avec** le chat! Il ne me critique pas, il faut seulement lui donner à manger!

> en revanche – on the other hand
> je peux lui parler de tout – I can talk to him/her about everything
> critiquer – to criticise
> donner à manger – to feed (an animal)

1 Je me dispute avec _____ parce qu'elle est trop sévère.
2 Je m'entends bien avec _____ parce que je peux lui parler de tout.
3 Je ne m'entends pas bien avec _____ parce qu'il n'aide pas à la maison.
4 Je me dispute avec _____ parce qu'elle passe trop de temps dans la salle de bains.
5 Je ne m'entends pas bien avec _____ parce qu'il me critique toujours.
6 Je m'entends bien avec _____ parce qu'on joue ensemble.

 6 Écrivez un paragraphe sur vous-même et votre famille.

1 Trouvez la bonne image pour chaque emploi [*job*].

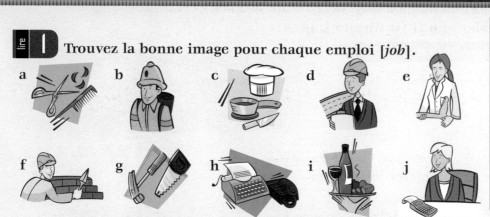

1 menuisier
2 comptable
3 secrétaire
4 ingénieur
5 serveur/euse
6 coiffeur/euse
7 maçon
8 sapeur-pompier
9 kinésithérapeute
10 cuisinier/ière

When dealing with words you don't know, look for clues:
- Try to match the words to the pictures.
- Does the word/part of the word resemble an English word?
  (**serv**eur/euse, kinési**thérap**eute)
- Does the word/part of the word look like any French word you know?
  (**cuisin**ier – cuisine – *kitchen*; **compt**able – compter – *to count*)
- Try saying it aloud: does it sound like a word you know? (**ingénieur** – *engineer*)
- Do the ones you know first and see what's left. Still can't work it out? Look it up!

2 Trouvez la bonne définition.

a Elle apporte les repas aux clients.
b Elle travaille sur ordinateur.
c Il éteint les incendies.
d Il travaille dans une usine où on fabrique des moteurs.
e Il fait les comptes dans un bureau.
f Il construit des maisons.
g Elle fait des massages aux gens qui ont mal au dos.
h Il prépare les repas dans un grand restaurant.

1 maçon
2 secrétaire
3 cuisinier
4 serveuse
5 ingénieur
6 comptable
7 sapeur-pompier
8 kinésithérapeute

Expo-langue

When talking about what job someone does, the word for 'a' is omitted in French.
Mon père est ingénieur. = My father is **an** engineer.
Ma mère est employée de banque. = My mother is **a** bank employee.

Some jobs have a different feminine form:

	+ –e	–eur → –euse	–teur → –trice	–en → –enne	–er → –ère
masculine	étudiant	vendeur	moniteur	électricien	infirmier
feminine	étudiante	vendeuse	monitrice	électricienne	infirmière

Some don't change, e.g. **agent de police** (policeman/policewoman), **fonctionnaire** (civil servant). A few are always feminine, e.g. **nourrice** (childminder).

3 Que font leurs parents? Écoutez et notez en anglais. (1–5)

Exemple: 1 Aline: father = builder, mother = …

Coralie Éloise Didier Benoît Aline

4 À deux. Posez et répondez aux questions.
- Que fait le père/la mère de **Benoît**/d'**Aline**?
- Il/Elle est …

5 Où travaillent-ils? Choisissez la bonne image.

Exemple: 1 père e

a  b 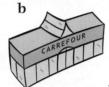 c d  e f

1 Mon père est informaticien et il travaille dans un bureau en ville.
2 Ma mère est vendeuse. Elle travaille dans une grande surface.
3 Mon père est plombier. Il travaille sur un chantier.
4 Ma mère travaille dans un hôpital. Elle est infirmière.
5 Mon père est mécanicien. Il travaille dans un garage, il répare des autos.
6 Ma mère est nourrice. Elle s'occupe de petits enfants. Elle travaille dans une école maternelle.

6 Où travaillent-ils? Écoutez et notez la bonne lettre. (1–6)

M. Duval | Mme Duval | M. et Mme Brunot | Mme Gilsou | M. Jeammet | Mlle Voyeux

a  b c d  e f

7 À deux. Posez et répondez aux questions.
- Que fait ton père dans la vie?
- Où travaille-t-il?
- Que fait ta mère dans la vie?
- Où travaille-t-elle?

Ma (belle-)mère/ Elle	ne travaille pas. *doesn't work.* s'occupe des enfants. *looks after the children.* est malade. *is ill.*
Mon (beau-)père/ Il	est au chômage. *is out of work.* travaille à son compte. *is self-employed.* travaille à mi-temps. *works part-time.*

8 Faites un résumé.

Mes parents
Mon (beau-)père est … Il travaille …
Ma (belle-)mère est … Elle travaille …

lire 1 **Lisez. Qui c'est? Trouvez la bonne image.**

1 **Jenni** a les yeux bleus et les cheveux blonds et mi-longs. Elle est grande, sérieuse et un peu timide. Elle n'est pas bavarde!

2 **Julia** est assez grande. Elle a les cheveux courts et bruns et les yeux bleu-gris. Elle est paresseuse et drôle. Elle n'est pas sportive.

3 **Matthieu** a les yeux verts et les cheveux bruns bouclés. Il est de taille moyenne. Il porte des lunettes. Il est bavard et marrant. Il n'est pas bien organisé!

4 **Laurent** est petit. Il a les yeux bruns et les cheveux roux. Il est très sportif et il joue au rugby et fait du karaté. Il n'est pas travailleur!

a  b  c  d

écouter 2 **Écoutez et complétez le texte avec les mots qui manquent.**

Lucas est assez (**1**) ＿＿＿＿. Il a les yeux (**2**) ＿＿＿＿ et les cheveux (**3**) ＿＿＿＿. Il est (**4**) ＿＿＿＿ et (**5**) ＿＿＿＿ et il n'est pas (**6**) ＿＿＿＿.

Ma copine Jennifer est assez (**7**) ＿＿＿＿. Elle a les cheveux (**8**) ＿＿＿＿ et les yeux (**9**) ＿＿＿＿. Elle est (**10**) ＿＿＿＿ et (**11**) ＿＿＿＿ et elle n'est pas (**12**) ＿＿＿＿.

Cathy est (**13**) ＿＿＿＿. Elle est (**14**) ＿＿＿＿ et (**15**) ＿＿＿＿, mais elle n'est pas (**16**) ＿＿＿＿.

Kévin est (**17**) ＿＿＿＿. Il est (**18**) ＿＿＿＿ et (**19**) ＿＿＿＿, mais il est très (**20**) ＿＿＿＿.

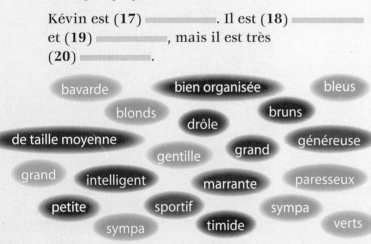

bavarde · bien organisée · bleus · blonds · bruns · drôle · de taille moyenne · généreuse · grand · gentille · grand · intelligent · marrante · paresseux · petite · sportif · sympa · sympa · timide · verts

Expo-langue →→→ *Grammaire* **192**

Adjectives agree with the noun they describe – this means they have a different form if the noun is feminine or plural.

When used with a *feminine noun*:
Most adjectives add **–e**.
grand → grand**e**   petit → petit**e**

Adjectives which already end in **–e** and **–a** stay the same.
drôle → drôle
timide → timide
sympa → sympa

Some adjectives change their ending.
sport**if** → sport**ive**
paress**eux** → paress**euse**

When used with a *plural noun*:
Most adjectives add **–s**.
vert → (les yeux) vert**s**
court → (les cheveux) court**s**

3 À deux. Posez et répondez aux questions.

■ Il/Elle est comment?
● Il/Elle est …

bien organisé(e)

grand(e)

bavarde(e)

intelligent(e)

paresseux/euse

4 Faites la description de deux personnalités de votre choix.

Exemple: Brad Pitt est …

Il/Elle est	acteur/actrice de cinéma musicien/enne chanteur/euse joueur/euse de …
Il/Elle (n') est (pas)	(assez) grand(e)/petit(e)/de taille moyenne célèbre actif/ive sportif/ive gentil(le)

5 À deux. Discutez de vos descriptions. D'accord ou pas?

6 Écoutez la description du voleur. Choisissez les quatre bonnes images.
Listen to the description of the thief. Choose the four correct pictures.

a b  c

d   e   f

g h 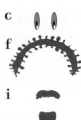 i

j   k   l

7 Faites la description d'un petit copain idéal/une petite copine idéale.

Mon petit copain idéal/Ma petite copine idéale est (grand(e)).
Il/Elle a les cheveux … et les yeux …
Il/Elle est (intelligent(e)) …
Il/Elle n'est pas …

4 Les champions sportifs
Describing famous sportspeople
Using possessive adjectives *son, sa, ses*

This is the first of five **Lire et écouter** units concentrating on reading and listening skills. These units will:

- help you increase your confidence in tackling reading and listening questions
- give you practice in the style of questions you will meet in your GCSE exam.

You will practise:

- listening for gist and detail
- looking and listening for clues
- recognising what is important to include in your answer
- working out the meaning of words you've never heard or seen before.

Préparez-vous!

You are going to hear two people talking about a young sportsman. Listen, answer the questions and then fill in the form.

- Read the questions and try to predict what you are likely to hear.
- Look at the picture. What does it tell you?
- If you are sure of an answer, fill it in, but if you are in any doubt, wait until you hear it again; you can always make notes and come back to it.
- If you are not sure about an answer and decide to leave it, don't waste too long thinking about it; move on to the next question straight away.
- For this listening, you need to check you know the alphabet so that you can recognise names and places that are spelt out.

écouter 1 Écoutez. Répondez aux questions.

1 Who is talking?
   (a) two journalists
   (b) two fans
   (c) two school pupils
2 Why are they filling in the form?
3 Fill in the form and then check what you have written.

First name: _____

Surname: _____

Sport: _____

Nationality: _____

Place of birth: _____

Hair colour: _____

Eye colour: _____

Likes: _____

Expo-langue

The alphabet

Most letters sound similar to the English ones, but these ones can be confusing:

A = *ah*   I = *ee*   J = *djee*
E = *euh*   G = *djay*   H = *ash*

Expo-langue →→→→

192

In French, the word for 'his' and 'her' is the same.

masculine	feminine	plural
son frère	**sa** sœur	**ses** parents
son ami	***son** amie	**ses** ami(e)s

* If the feminine noun begins with a vowel, you use **son**.

lire 2 Lisez le texte et trouvez les mots qui manquent.

Richard Gasquet: star de tennis!

Richard Gasquet a commencé à
1 _____ au tennis à l'âge de
quatre ans. 2 _____ parents
sont tous les deux professeurs de
tennis. 3 _____ père était son
premier entraîneur et 4 _____
mère est monitrice de tennis.
À l'âge de seize ans, il a gagné
son premier titre, et il est devenu
champion du monde junior.

En 2005, à l'âge de 19 ans, il a
5 _____ au tournoi de Monte-
Carlo. Il a battu le numéro un
mondial Roger Federer en quart
de finale, mais en demi-finale il a
perdu contre Rafael Nadal.

Puis il s'est blessé au coude et
il a renoncé à jouer aux Masters.
En 2007, il a recommencé à
jouer et il a atteint la septième
place mondiale, mais son coude
a continué à lui poser
6 _____ problèmes.

Malgré ce problème, il
7 _____ recommencé à
jouer la saison suivante où il a
gagné l'Open de Nottingham et
le Grand Prix de tennis de Lyon.

Il vit pour le tennis, mais en
dehors des courts il aime jouer
au foot et être 8 _____ ses
amis.

jouer   Son   sa   Ses   saison
tournoi   des   joué   a   avec

lire 3 Choisissez les quatre phrases qui sont vraies.

1 Richard began playing when he was young.
2 His parents did not play tennis.
3 He won his first title when he was 15.
4 He was the French number one in 2005 and 2007.
5 He beat Roger Federer in Monte Carlo.
6 He was beaten by Rafael Nadal.
7 He wasn't able to play in the Masters.
8 He won the semi-finals at Wimbledon.

How to produce your best answers!

- Make sure you check each statement against the whole passage. They will usually be in the same order as in the passage, but not always!
- For number 1, if you look for the word **jeune** (young) in the passage, you won't find it. But you will find words which tell you how old he was.
- What English word meaning 'competition' begins in the same way as **tournoi**?
- **Renoncer** means 'renounce' in English. If you know what 'renounce' means, you can work out if number 7 is a correct statement.

écouter **1** Écoutez Thierry et Pascaline. Où sont-ils allés? Quel jour? (1–2)

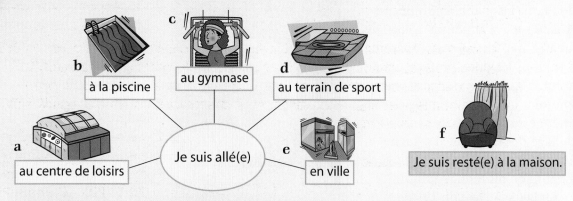

	lundi	mardi	mercredi	jeudi	vendredi	samedi	dimanche
Thierry						e	
Pascaline							

parler **2** À deux. Où êtes-vous allés? Posez et répondez aux questions.

■ Où es-tu allé(e) (lundi)?

lundi	mardi	mercredi	jeudi	vendredi	samedi

écrire **3** Qu'est-ce que vous avez fait? Copiez et complétez l'agenda ci-dessous.

Expo-langue →→→→

Grammaire 194 **Grammaire 196**

You use **j'ai / je suis** + a past participle to talk about the past.

j'ai fait	de la natation	j'ai joué	au basket
	de la musculation		au volley
	de la danse		au foot
	du théâtre		au badminton
	du judo		
	du shopping		

j'ai écouté	de la musique	je suis allé(e)	au gymnase
	regardé la télé		au centre de loisirs
	joué à l'ordinateur		au terrain de sport
	fait mes devoirs		à la piscine
	envoyé des textos à mes amis		en ville

je suis resté(e) à la maison

4 Lisez l'e-mail de Thierry. Puis choisissez a, b ou c pour compléter chaque phrase.

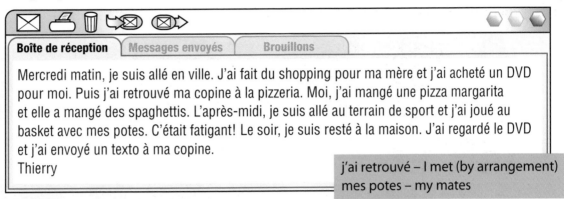

☒ 🖨 🗑 ↪☒ ☒↦		⬡ ⬡ ⬡

Boîte de réception | Messages envoyés | Brouillons

Mercredi matin, je suis allé en ville. J'ai fait du shopping pour ma mère et j'ai acheté un DVD pour moi. Puis j'ai retrouvé ma copine à la pizzeria. Moi, j'ai mangé une pizza margarita et elle a mangé des spaghettis. L'après-midi, je suis allé au terrain de sport et j'ai joué au basket avec mes potes. C'était fatigant! Le soir, je suis resté à la maison. J'ai regardé le DVD et j'ai envoyé un texto à ma copine.
Thierry

j'ai retrouvé – I met (by arrangement)
mes potes – my mates

1 Mercredi matin, Thierry est allé (**a**) en ville. (**b**) à la piscine. (**c**) au cinéma.
2 Il a fait (**a**) de la natation. (**b**) du shopping. (**c**) du judo.
3 Il a retrouvé (**a**) son ami. (**b**) son amie. (**c**) ses parents.
4 Il a mangé (**a**) des pâtes. (**b**) une pizza. (**c**) des spaghettis.
5 L'après-midi, il a joué (**a**) au foot. (**b**) au basket. (**c**) au volley.
6 Le soir, il a (**a**) regardé un film. (**b**) joué à l'ordinateur.
   (**c**) écouté de la musique.

5 Écoutez. Qu'est-ce qu'ils ont fait? Copiez et remplissez la grille. (1–5)

	Où?	Qu'est-ce qu'ils ont fait?	C'était comment?
1			
2			
3			

C'était super.   ✔✔
C'était génial.   ✔
Bof, ce n'était pas mal. –
C'était fatigant/ennuyeux. ✗
C'était nul.   ✗✗

6 Préparez une présentation. Où êtes-vous allé(e) et qu'est-ce que vous avez fait samedi dernier?

● Draw some symbols or make a list of key words to help you.

écouter

1 Écoutez et décidez. Qui parle? C'était comment? (1–8)

Delphine   Arthur   Sophie   Yannick   Chloé   Serge   Lucas   Amélie

a très bien   **b** bof   **c** fatigant   **d** ennuyeux   **e** nul   **f** génial

lire

2 Qui écrit? Trouvez le bon prénom de l'exercice 1.

1
Peux-tu m'aider? Je n'ai pas eu le temps de finir mes devoirs ce soir parce que j'ai fait du karaté.

2
Peux-tu m'aider? Je n'ai pas eu le temps de finir mes devoirs ce soir parce que j'ai joué au squash.

3
Peux-tu m'aider? Je n'ai pas eu le temps de finir mes devoirs ce soir parce que j'ai fait de l'équitation.

4
Peux-tu m'aider? Je n'ai pas eu le temps de finir mes devoirs ce soir parce que j'ai fait du vélo.

5
Peux-tu m'aider? Je n'ai pas eu le temps de finir mes devoirs ce soir parce que je suis allé à la pêche.

6
Peux-tu m'aider? Je n'ai pas eu le temps de finir mes devoirs ce soir parce que je suis allée à la piscine.

parler

3 À deux. Qu'avez-vous fait?

écrire

4 Lisez la grille et faites huit phrases.

Je suis allé(e)	en ville	et j'ai	fait …
	à la piscine		joué …
	au cinéma		acheté …
	au centre de sport		écouté …
			vu …

5 Lisez et trouvez les deux bonnes images pour chaque personne.

a b c d e f

g h i j k l

1

J'ai joué au squash et maintenant j'ai chaud. Je vais prendre une douche et puis je vais dîner.
Théo

4

Je vais donner à manger au cheval – il doit avoir faim – et puis je vais jouer à l'ordinateur.
Gwenaëlle

2

Je vais laver mon vélo – il est couvert de boue – et puis je vais faire mes devoirs.
Yassim

5

Je vais me sécher les cheveux – ils sont tout trempés – et puis je vais boire quelque chose.
Cathy

3

Je vais mettre le nouveau pull et le pantalon que j'ai achetés et puis je vais envoyer un texto à mon copain.
Élodie

6

Je vais faire cuire le poisson que j'ai attrapé – j'adore le poisson frais comme ça – et puis je vais regarder la télé.
Thomas

Expo-langue → *Grammaire* **194**

To say what you *have done*, you use the *perfect tense*: *Grammaire* **196**
    je suis allé(e) …
    j'ai fait/joué …

To say what you *are going to do*, you use the *near future tense*. *Grammaire* **190**
This is formed using the present tense of **aller** + an infinitive.
    je vais faire/jouer/regarder …

couvert de boue – covered in mud
trempé – wet/soaked
mettre – to put on

6 Qui parle? Écoutez et mettez les prénoms de l'exercice 5 dans le bon ordre. (1–6)

7 Écrivez des textos à vos copains/copines.

J'ai fait … et maintenant, je vais (faire) …
Je suis allé(e) … et maintenant, je vais (aller) …
J'ai joué … et maintenant, je vais (prendre une douche) …

Controlled assessment picture discussion

Task

Prepare a discussion based on a photograph or picture of a sport you enjoy.

You could include:

- how long you have been doing the activity
- when and where you do the activity, and with whom
- any special equipment or clothing that you need or rules you have to follow
- details of any competitions or matches you have participated in
- why you enjoy the activity and whether you expect to continue it in the future, giving reasons.

1 **You will hear a model discussion between Robert and his teacher, based on the photograph above. Listen to the first part of the discussion and unjumble the sentences.**

1 l'équitation ans douze J'ai à de à l'âge de commencé faire
2 Je des semaine un d'équitation par dans club deux fois cours prends
3 allons Nous même dans club le
4 tête On une doit pour protéger se la porter bombe
5 porter bottes Il aussi des de cheval et culottes des faut
6 dernière, je concours suis à un L'année allé

2 **Listen again and answer the questions in English.**

1 Apart from jodhpurs and boots, what other piece of equipment does Robert have to wear?
2 What medal did he win at the competition last year?
3 Why does Robert like going to competitions?

3 **Listen to the second part of Robert's discussion and fill in the gaps.**

■ Est-ce que c'est cher de faire de l'équitation?
● (1) ▬▬▬ bottes m'ont coûté quatre cents euros et ma bombe trois cent cinquante, (2) ▬▬▬ ce n'est (3) ▬▬▬ nécessaire d'acheter de (4) ▬▬▬ vêtements (5) ▬▬▬.
■ Et les cours d'équitation?
● Les cours ne sont pas (6) ▬▬▬ chers parce que je (7) ▬▬▬ dans le club d'équitation et on me donne (8) ▬▬▬ réduction.
■ Pourquoi est-ce que tu aimes faire de l'équitation?
● J'adore (9) ▬▬▬ de l'équitation car j'aime être en plein air et le sport me maintient (10) ▬▬▬.

pas   faire   Mes   travaille

tous les jours   trop   une

nouveaux   en forme   mais

4 Now listen to the final part of Robert's discussion and answer the questions.

1 What job does Robert want to do when he leaves school?

2 Why would he not want to work in an office?

3 Robert recommends riding because you can meet other people and be outdoors. What other reason does he give?

5 Now it's your turn! Choose a photograph showing one of your interests and prepare a discussion about it.

- You can begin with a one-minute introduction. If you want to do this make some notes on what to include.

- Use ResultsPlus and the work you have done in Exercises 1–4 to help you.

- Use your dictionary with care when looking for specialised vocabulary. Check both the English and French to make sure you select the correct word.

- Practise your discussion with a partner. Prepare some prompt cards to help you remember what to talk about. These could be visuals.

- Consider some questions you could be asked about your hobby and try to think of how you would answer these.

- Record the discussion. Ask a partner to listen to it and say how well you performed.

Award each other one star, two stars or three stars for each of these categories:
- pronunciation
- confidence and fluency
- range of tenses
- variety of vocabulary and expressions
- using longer sentences
- taking the initiative.

What do you need to do next time to improve your performance?

 Results**Plus**

 Get the basics right!
- Use **simple structures** correctly, e.g. *C'est …* (It is …), *Je prends des cours* (I take lessons).
- Include simple **opinions**, e.g. *Ma passion, c'est …* (My passion is …), *J'adore faire …* (I love to do …).
- Make sure you use the **correct word for 'a'** (*un/une*), e.g. *__une__ réduction* (feminine).

 To achieve a Grade C, use the **main tenses** and a **variety of structures** correctly. Robert uses:
- the **present tense** to talk about the lessons he takes: *je **prends** des cours d'équitation*
- the **perfect tense** with *avoir* and *être* to describe a competition he entered last year: *je **suis allé** à un concours … j'**ai gagné** une médaille d'or*
- the **near future** to say he will continue with his hobby: *je **vais continuer** à faire de l'équitation*
- expressions like *je **dois** + **infinitive*** (I must …) and *il **faut** + **infinitive*** (you have to …)
- **possessive adjectives** (*mon, ma, mes*, etc.): *ma bombe* (feminine), *mes bottes* (plural).

To increase your marks, use:
- a more complex expression. Robert says *Ce n'est pas nécessaire d'acheter …* (It's not necessary to buy …)
- other expressions like *__en forme__* (in good shape) and *__un emploi comme ça__* (a job like that).

Épate l'examinateur!
- Use the phrase *il est possible de …* + infinitive as Robert does: *il est possible de … gagner des prix!* (it's possible to win prizes!).

Je me passionne pour …

J'aime le sport et ma passion, c'est le squash.

Je joue au squash depuis trois ans. Mon père est membre du club de squash depuis plus de dix ans. D'abord, j'ai joué contre mon père, mais maintenant, je suis membre du club et je joue contre d'autres jeunes et je m'entraîne avec un moniteur. On joue deux ou trois fois par semaine et je vais au gymnase pour faire de la musculation deux fois par semaine.

un moniteur – coach
une équipe – team
gagner – to win

On joue un match le mercredi et le dimanche. Pour jouer au squash, il faut être en forme et il faut se concentrer. La semaine dernière, j'ai joué pour l'équipe junior B contre l'équipe A et j'ai gagné 11–4, 11–6, 11–3. La semaine prochaine, je vais jouer pour l'équipe A.

Pour le squash, il faut avoir une raquette et une balle en gomme. On porte un polo, un short et des baskets. Il faut payer pour être membre du club, mais pour les jeunes, il y a un prix réduit.

J'aime le squash parce que j'aime être actif, j'aime gagner et j'aime rencontrer les autres membres du club. Après un match, on se retrouve au bar. C'est génial. Si vous aimez les sports dynamiques, je vous recommande d'essayer le squash!

Benoît

1 **Read the text.**

2 **Find the French equivalent of these phrases in the text and copy them out.**

1 I like sport.
2 At first, I played against my father.
3 We play two or three times a week.
4 I go to the gym.
5 You have to be fit.
6 Next week, I am going to play …
7 I like to win.
8 We meet at the bar.

3 **Which tenses are used in each phrase in Exercise 2? For each phrase, write 'present', 'perfect' or 'near future'.**

4 **Find the four correct statements.**

1 Benoît is sporty.
2 His favourite sport is football.
3 He plays squash with his father twice a week.
4 He plays matches on Wednesdays and Sundays.
5 He is going to play for the A team.
6 He is not very sociable.
7 He goes to fitness training twice a week.
8 His father is his coach.

5 You might be asked to write about what you do in your spare time as a controlled assessment task. Use ResultsPlus to help you prepare.

Results**Plus**

Make sure you cover the basics in your written assessment.
- Show that you can use basic **structures**, as Benoît does: *je suis* (I am), *je joue* (I play), *j'ai* (I have).
- Give your **opinion** using *j'aime* (I like) and *c'est* (it is): *C'est génial* (It's great).
- Use simple **connectives**. Make sure you include at least three of the connectives from the text: *et* (and), *mais* (but), *ou* (or).

To achieve a Grade C, show that you can use a variety of tenses and expressions correctly. Benoît uses:
- the **present tense** to say what he does now: *je m'entraîne* (I train), *je vais* (I go)
- the **perfect tense** to say what he did in the past: *j'ai joué* (I played), *j'ai gagné* (I won)
- the **near future** (*aller* + **infinitive**) to say what he is going to do: *je vais jouer* (I am going to play)
- the **time expressions** *après* (after), *d'abord* (at first), *maintenant* (now), *la semaine dernière* (last week), *la semaine prochaine* (next week), *deux fois par semaine* (twice a week).

To increase your marks:
- use *depuis* + **present tense** to say how long you have been doing something: *Je joue au squash depuis trois ans* (I have been playing squash for three years).

Épate l'examinateur!

- To really impress your examiner, use a variety of expressions with *il faut*. *il faut être en forme* (you have to be fit).

6 Now write about what you do in your spare time.
- Use or adapt phrases from Benoît's text.
- Refer to Unit 4 for help with describing a sport or game.
- Refer to Unit 5 for help with the perfect tense.
- Look your sport or activity up on the Internet in French and find out the correct names for team positions, equipment, matches, etc.
- Don't just copy chunks from your research; make a list of useful words and terms to include in your own writing.

Introduction

What is the activity? *Ma passion, c'est ...*
How long have you been doing it?
Je joue/fais ... depuis ... mois/ans.
How did you come to start doing it?
J'ai commencé à jouer avec ...

Main paragraphs

When do you do it? *Je joue/fais/m'entraîne ... fois par semaine.*
Where do you do it? *Je joue au club/terrain/centre de sports/gymnase.*
What equipment do you need to do it?
Il faut ...
What did you do last week at the match/game/training session? *La semaine dernière, j'ai ...*
What are you going to do in the near future? *La semaine prochaine, je vais ...*

Conclusion

Why do you enjoy it? *J'aime ... parce que ...*
Do you recommend it? Why? *Je vous recommande de ... parce que ...*

- Structure your text; organise what you write in paragraphs.

Check what you have written carefully. Check:
- spelling and accents
- gender and agreement (e.g. adjectives)
- verb endings for the different persons: *je/il/elle/on/nous/vous*, etc.

Moi | Me

Je me présente …	Let me introduce myself …
Je m'appelle …	I'm called …
J'ai (quinze) ans.	I'm (fifteen) years old.
Mon anniversaire est le (10 mai).	My birthday is the (10 May).
J'habite à (Édimbourg).	I live in (Edinburgh).
Je suis …	I'm …
(assez) grand(e)/petit(e)	(quite) tall/short
de taille moyenne	of average height
J'ai les yeux (bleus/marron).	I've got (blue/brown) eyes.
J'ai les cheveux (blonds/bruns/noirs/roux).	I've got (blond/brown/black/red) hair.
J'ai un frère/une sœur qui s'appelle …	I have a brother/sister who's called …
un demi-frère	a half brother
une demi-sœur	a half sister
J'ai un (chien/chat).	I've got a (dog/cat).
Je n'ai pas d'animal.	I don't have a pet.

Les pays | Countries

J'/Il/Elle habite …	I/He/She lives …
en Angleterre (f)	in England
en Écosse (f)	in Scotland
en France (f)	in France
en Irlande (f)	in Ireland
en Suisse (f)	in Switzerland
au Canada (m)	in Canada
au pays de Galles (m)	in Wales

Les choses que j'aime faire | What I like doing

Aimes-tu … ?	Do you like … ?
faire du sport/du ski	doing sport/skiing
faire de l'équitation/de la natation	doing horse-riding/swimming
Je joue au foot/au tennis/au volley.	I play football/tennis/volleyball.
As-tu une passion?	Do you have a favourite hobby?
Ma passion, c'est …	What I like most is …
J'aime faire …	I like doing …
Je n'aime pas (l'eau froide/les chevaux).	I don't like (cold water/horses).
C'est …	It's …
génial/super	great
ennuyeux	boring
fatigant	tiring
une fois/deux fois	once/twice
souvent	often
d'habitude	usually
le (mercredi)	on (Wednesdays)

Ma famille | My family

Je m'entends bien avec …	I get on well with …
Je ne m'entends pas bien avec …	I don't get on well with …
Je me dispute avec …	I don't get on well / I quarrel with …
mes parents (m)	my parents
mon père	my father
mon grand-père	my grandfather
ma mère	my mother
ma grand-mère	my grandmother
parce que	because
Il/Elle est (trop) sévère.	He/She is (too) strict.
Il/Elle me critique tout le temps.	He/She criticises me all the time.
On aime la même musique.	We like the same music.
Je peux lui parler de tout.	I can talk to him/her about everything.

Les métiers | Jobs

Il/Elle est …	He/She is a(n) …
coiffeur/euse	hairdresser
comptable	accountant
cuisinier/ière	cook/chef
infirmier/ière	nurse
informaticien(ne)	computer operator
ingénieur	engineer
kinésithérapeute	physiotherapist
maçon	builder
mécanicien(ne)	mechanic
menuisier/ière	carpenter
nourrice	childminder

plombier	*plumber*	dans un hôpital	*in a hospital*
sapeur-pompier	*fireman*	sur un chantier	*on a building site*
secrétaire	*secretary*	Il/Elle ...	*He/She ...*
serveur/euse	*waiter/waitress*	est au chômage	*is out of work*
vendeur/euse	*salesperson*	est malade	*is ill*
Il/Elle travaille ...	*He/She works ...*	ne travaille pas	*doesn't work*
dans un bureau	*in an office*	s'occupe des enfants	*looks after the*
dans une école primaire	*in a primary school*		*children*
dans une école maternelle	*in a nursery*	travaille à mi-temps	*works part-time*
dans une grande surface	*in a hypermarket*	travaille à son compte	*is self-employed*

Mes amis / *My friends*

mon copain	*my friend (m)*	drôle	*funny*
ma copine	*my friend (f)*	généreux/euse	*generous*
Il/Elle est comment?	*What is he/she like?*	gentil(le)	*nice*
Il/Elle est ...	*He/She is ...*	marrant(e)	*funny*
Il/Elle n'est pas ...	*He/She isn't ...*	paresseux/euse	*lazy*
actif/ive	*active*	sportif/ive	*sporty*
bavard(e)	*chatty*	sympa	*nice*
bien organisé(e)	*well organised*	timide	*shy*

Le sport / *Sport*

Il a commencé à jouer à l'âge de ...	*He started playing at the age of ...*	une demi-finale	*semi-final*
		un quart de finale	*quarter final*
gagner un titre	*to win a title*	un tournoi	*tournament*
perdre contre	*to lose against*	le numéro un mondial	*the world number one*
champion du monde (junior)	*(junior) world champion*	renoncer à jouer	*to stop playing*
		recommencer à jouer	*to start playing again*

La semaine dernière / *Last week*

Je suis allé(e) ...	*I went ...*	du théâtre	*drama*
au centre de loisirs	*to the leisure centre*	de la natation	*swimming*
au cinéma	*to the cinema*	du judo	*judo*
au gymnase	*to the gym*	de la danse	*dancing*
au terrain de sport	*to the sports ground*	de la musculation	*weights, working out*
à la piscine	*to the swimming pool*	J'ai regardé la télé.	*I watched TV.*
en ville	*into town*	Je suis resté(e) à la maison.	*I stayed at home.*
J'ai joué ...	*I played ...*	C'était super/génial.	*It was great.*
au basket	*basketball*	Bof, ce n'était pas mal.	*It wasn't bad.*
au badminton	*badminton*	C'était fatigant/	*It was tiring/boring/*
J'ai fait ...	*I did ...*	ennuyeux/nul.	*rubbish.*

Mes loisirs / *In my free time*

Je suis allé(e) à la pêche.	*I went fishing.*	écouter de la musique	*listen to music*
J'ai fait du vélo.	*I went for a bike ride.*	envoyer un texto à ...	*send a text to ...*
Je vais ...	*I'm going to ...*	faire mes devoirs	*do my homework*
boire quelque chose	*have something to drink*	jouer à l'ordinateur	*play on the computer*
		prendre une douche	*have a shower*
dîner	*have dinner*	regarder la télé	*watch TV*

Qu'est-ce qu'on passe? Discussing TV and cinema
Using plural nouns with likes and dislikes

Déjà vu

1 Écoutez. On parle de la télé ou du cinéma? Écrivez T (télé) ou C (cinéma). (1–5)

Exemple: 1 C

2 Écoutez encore une fois. Notez les deux bonnes lettres pour chaque dialogue.

Exemple: 1 d, ...

a un film d'arts martiaux

b une série policière

c un jeu télévisé

d un dessin animé

e une émission de sport

f un film d'horreur

g un film de science-fiction

h une émission de télé-réalité

i une émission musicale

j une comédie

Expo-langue

To say what type of film or programme is on, use **un** or **une** + a singular noun:
Il y a **une** émission sportive. = There's a sports programme.

To say what type of films or programmes you like/dislike, use **les** + a plural noun:
J'adore **les** film**s** d'horreur. = I love horror films.
Je n'aime pas **les** jeu**x** télévisé**s**. = I don't like game shows.

3 Copiez et complétez les phrases.

1 Il y a une comédie. J'adore _____ comédies.
2 C'est un film d'action. J'aime bien _____ d'action.
3 Il y a _____ série policière. Je déteste _____ policières.
4 C'est _____ émission de télé-réalité. Je n'aime pas _____ de télé-réalité.

4 À deux. Choisissez et faites deux dialogues. Puis changez les détails en bleu.

In pairs. Make up two dialogues, choosing from the options given. Then make your own dialogues, replacing the details in blue.

- ■ Tu veux **aller au cinéma** / **regarder la télé** ce soir?
- ● Ça dépend. Qu'est-ce qu'on passe?
- ■ Il y a **un film d'arts martiaux** / **une émission musicale**.
- ● Ah, non! Je n'aime pas **les films d'arts martiaux** / **les émissions musicales**!
- ■ Il y a aussi **une comédie** / **une série policière**. Ça va?
- ● Chouette! J'adore **les comédies** / **les séries policières**!

5 Lisez les phrases et répondez aux questions en anglais.

> Je regarde la télé tous les soirs. J'aime beaucoup les comédies comme Friends.

Vincent

> Je ne regarde pas les informations. Je trouve ça ennuyeux.

Blanche

> J'adore les émissions de télé-réalité comme La ferme célébrités.

Amir

> Je regarde tout le temps les séries. J'adore ça!

Jade

> Je vais au cinéma tous les week-ends avec mon frère.

Yanis

> J'aime les films de science-fiction. Un de mes films préférés, c'est Star Wars: La revanche des Sith.

Farida

1 What is one of Farida's favourite films?
2 What sort of programmes does Jade watch all the time?
3 Who watches TV every evening?
4 What does Blanche think of TV news programmes?
5 How often does Yanis go to the cinema?
6 What sort of a programme is *La ferme célébrités*?

6 Qu'est-ce que c'est en anglais? Regardez les phrases de l'exercice 5.

1 tous les soirs
2 comme
3 les informations
4 tout le temps
5 tous les week-ends
6 un de mes films préférés, c'est ...

 7 Écrivez deux ou trois phrases sur la télé et le cinéma pour vous. Adaptez les phrases de l'exercice 5.

Write two or three sentences about TV and cinema for you. Adapt the sentences in Exercise 5.

J'aime les (films d'horreur). Un de mes films préférés, c'est (*Jeepers Creepers*).

1 Reliez les invitations et les annonces.

1 *Tu veux aller à un concert?*

2 *Tu veux aller au théâtre?*

3 *Tu veux aller au cinéma?*

4 *Tu veux aller à un spectacle de danse?*

A

Harry Potter et le Prince de sang-mêlé

Film anglais, VO (sous-titré)
Séances tous les jours à 14h20,
18h20, 20h20
6,50€

B

Le carnaval des animaux

Spectacle de danse africaine
Billets: 10€, tarif réduit 7€
19h ven. et sam.

C

Fête de la musique

Concert gratuit avec: Moby,
Yannick Noah, Shakira.
Le 21 juin, Château de Versailles
À partir de 14h

D

MACBETH

Pièce de théâtre de William
Shakespeare
Du 10 au 15 juillet, à 19h30
Orchestre: 10€
Balcon: 12€

2 Relisez les annonces et trouvez le français.

Exemple: 1 VO (sous-titré)

1 Original language version (subtitled) 2 Screenings every day

3 Dance show 4 Tickets 5 Reduced rate 6 Free concert

7 From 2 p.m. 8 Play (at the theatre) 9 Stalls seats

10 Circle seats

Some French words are 'false friends', because they look like English words, but mean something different. For example, what do **séance** and **pièce** mean in English?

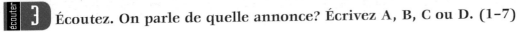
3 Écoutez. On parle de quelle annonce? Écrivez A, B, C ou D. (1–7)

Exemple: 1 B

> ## Expo-langue →→→→
> **191**
>
> You use the following question words in many
> different situations, so it is important to know them well:
>
> **à quelle heure?** = at what time?   **quand?** = when?
> **combien?** = how much / how many?   **où?** = where?

4 Écrivez une annonce comme celles de l'exercice 1. Inventez les détails.

5 Écoutez, puis répétez le dialogue à deux.

> ■ Tu veux aller **au théâtre**?
> ● Oui, je veux bien. Ça commence à quelle heure?
> ■ Ça commence à **19h30**.
> ● Et ça coûte combien?
> ■ Ça coûte **10 euros dans l'orchestre et 12 euros au balcon**.
> ● On se retrouve où et à quelle heure?
> ■ **Chez moi** à 19h.
> ● D'accord.

chez moi – at my house
chez toi – at your house
au cinéma/théâtre – at
    the cinema/theatre

6 À deux. Adaptez le dialogue de l'exercice 5.
Utilisez les annonces A, B ou C, ou vos
propres idées.

7 Écoutez. On téléphone au cinéma ou au théâtre. Copiez et complétez la grille. (1–3)

	Heure	Prix
1	19h30	
2		15€
3		

8 On sort? Écrivez des textos.

1
18h30

2
20h15

3

4
19h45

1
Tu veux aller
à un spectacle
de danse? Ça
commence à 18h30.

Options

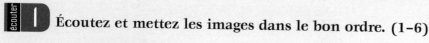

écouter **1** Écoutez et mettez les images dans le bon ordre. (1–6)

Exemple: 1 e

a

Je dois aller voir ma grand-mère.

b
Je dois promener le chien.

c

Je dois faire mes devoirs.

d

Je dois garder mon petit frère.

e

Je dois rentrer avant 22 heures.

f

Je dois ranger ma chambre.

écrire **2** Copiez et complétez les phrases.

1 Tu _____ aller au cinéma demain?
2 Désolé. Je ne _____ pas.
3 Je _____ faire mes devoirs.
4 _____ veux faire du bowling ce soir?
5 Je _____ bien. Mais _____ dois rentrer avant 22 heures.

Expo-langue →→→→

Grammaire 197

	devoir (to have to)	pouvoir (to be able to)	vouloir (to want to)
I	je dois	je peux	je veux
you	tu dois	tu peux	tu veux
we	on doit	on peut	on veut

Modal verbs are usually followed by the infinitive:
Tu **veux aller** en ville? = Do you want to go into town?
Je **dois ranger** ma chambre. = I have to tidy my bedroom.

But they are used on their own in these expressions:
Je **veux** bien. = I'd like to.   Je ne **peux** pas. = I can't.

parler **3** À deux. Vous pouvez faire combien de questions correctes en une minute? Utilisez la grille.

Exemple: Tu veux jouer au foot demain matin?

Tu veux	aller	en ville	aujourd'hui?
		au cinéma	ce matin?
	faire	de la natation	cet après-midi?
		du bowling	ce soir?
	jouer	au foot	demain?
		au tennis	demain matin?
	venir	à ma fête	samedi?

écouter **4** Écoutez et répétez aussi vite que possible.

Je veux et je peux!
Tu veux et tu peux!
On veut et on peut!

To make the **u** sound in **tu**, say *oo*, but pull your top lip down!
To make the **eu** sound in **peux** and **veux**, say *er*, but pull your lip down again!

5 À deux. Faites des dialogues. Utilisez les mots et les images.

1  ce soir?

2 cet après-midi?

3 samedi matin?

✗

✗

 demain matin? ✔

demain soir? ✔

samedi soir? ✔

Exemple: **1** ■ Tu veux aller au cinéma ce soir?
● Désolé(e), mais je ne peux pas. Je dois faire mes devoirs.
■ Alors, tu veux jouer au tennis demain matin?
● Ah, oui, je veux bien. Merci.

 6 Lisez les textes et répondez aux questions. C'est qui? Écrivez le bon prénom.

Who …
1 has to baby-sit?
2 isn't feeling very well?
3 has to look after a pet?
4 has to visit a family member?
5 has to do homework?
6 is not allowed to watch something?

Expo-langue

Remember: **on** means 'we', 'you' or 'people' in a general sense.
On ne peut pas aller au cinéma samedi.
= We can't go to the cinema on Saturday.
On ne doit pas manger en classe.
= You mustn't eat in class.
En France, **on** conduit à droite.
= In France, people drive on the right.

Merci pour l'invitation à ta fête, mais je ne peux pas venir. J'ai trop de travail scolaire à faire. Désolé!
Hakim

Je ne peux pas aller au concert avec toi. Papa dit que je dois garder ma petite sœur parce qu'il doit aller au travail. C'est nul!
Lola

Excuse-moi, mais je ne peux pas aller au centre sportif. On doit aller voir mon grand-père parce que c'est son anniversaire.
Clément

Je ne peux aller à Paris parce que mes parents sont en vacances et je dois donner à manger au chat. Désolée!
Marine

Désolée, mais je ne peux pas sortir ce soir. J'ai mal à la tête et à la gorge, donc je dois rester au lit.
Pauline

Maman dit que je ne peux pas voir le film d'horreur parce que c'est trop violent. Mais on peut faire du bowling, si tu veux.
Luc

 When tackling an exam-style task like this, don't expect to see the exact equivalents of the words in the questions in the text. Look for words which mean the same thing, e.g. **baby-sitting = garder mon petit frère**.

 Écrivez deux ou trois mots d'excuse. Inventez les détails.

Je suis désolé(e), mais je ne peux pas aller/faire/jouer/venir …
ce soir/demain … parce que je dois / Papa/Maman dit que je dois …

lire 1 Lisez les opinions de Pierre Positif et Nadine Négative. Qui parle?
Cherchez dans la section Mots, si nécessaire.

Read the opinions of Pierre Positif and Nadine Négative. Who's speaking?
Look in the Mots section if necessary.

***Exemple:** a Nadine*

a C'était ennuyeux.

b C'était génial.

c C'était amusant.

d C'était nul.

e C'était extra.

f C'était trop long.

g C'était drôle.

h C'était intéressant.

i C'était passionnant.

j C'était un peu lent.

k C'était chouette.

écouter 2 Écoutez et vérifiez.

écouter 3 Écoutez et regardez les images. C'était comment? Notez les deux
bonnes lettres de l'exercice 1 pour chaque image. (1–5)

***Exemple:** 1 e, g*

1

Les Indestructibles

2

Harry Potter et le Prince de sang-mêlé

3

La Nouvelle Star

4

Astérix: Le ciel lui tombe sur la tête

5

Madagascar 2

Expo-langue →→→→   Grammaire 194   Grammaire 196

You use the perfect tense to say what you did in the past.
You form the perfect using **avoir/être** plus a past participle.

Some past participles are irregular:
lire (to read): J'ai **lu** un livre. = I read a book.
voir (to see): J'ai **vu** *Madagascar 2.* = I saw *Madagascar 2.*

To say what something was like in the past, you use
c'était or **ce n'était pas** + an adjective.
C'était drôle. = It was funny.
Ce n'était pas mal. = It wasn't bad.

À deux. Interviewez votre partenaire.

■ Qu'est-ce que tu as fait le week-end dernier?

● Je suis allé(e) au cinéma. J'ai vu *Madagascar 2*.

■ C'était comment?

● Ce n'était pas mal, c'était assez amusant. Et toi, qu'est-ce que tu as fait?

■ ...

- Use **j'ai regardé** (I watched) for TV and **j'ai vu** (I saw) for cinema.
- Use intensifiers to make what you say or write more interesting:
  C'était **un peu** ennuyeux, mais **assez** amusant. = It was **a bit** boring, but **quite** funny.

Qu'est-ce que tu as fait	hier? samedi? le week-end dernier? pendant les vacances?
Je suis allé(e)	au cinéma.
resté(e)	à la maison.
J'ai regardé	(*Star Wars*) en DVD. (*Big Brother*) à la télé.
lu	un livre (d'horreur / de science-fiction / de Harry Potter, etc.).
vu	une comédie / un dessin animé / un film d'action / un film d'arts martiaux, etc.

Intensifiers
assez – quite
tout à fait – completely
très – very
trop – too
un peu – a bit

 **Lisez l'e-mail et répondez aux questions en anglais.**

Boîte de réception | Messages envoyés | Brouillons

Samedi matin, je suis allé en ville et j'ai acheté *Jeepers Creepers* en DVD. Je suis fan des films d'horreur et c'est un de mes films préférés. Samedi soir, je suis resté à la maison avec mon frère et on a regardé le DVD. C'était extra!

Dimanche après-midi, je suis allé au cinéma avec ma copine Mathilde. On a vu *Harry Potter et le Prince de sang-mêlé*. Les effets spéciaux sont bien, mais à mon avis, le film était un peu trop long.

Et toi, qu'est-ce que tu as fait le week-end dernier? C'était comment?

Thomas

1 What did Thomas do on Saturday morning?
2 What sort of films does he like?
3 What did he do on Saturday evening?
4 When did Thomas go to the cinema and who did he go with?
5 Name one good point and one bad point of the Harry Potter film, according to Thomas.

 Répondez à Thomas. Adaptez son e-mail, si vous voulez.

4 Vainqueur ou perdant? Describing a sporting event
Saying what other people did in the past

1 Écoutez et regardez les images. Qui parle? (1–5)

Exemple: 1 Léna

Blanche   Jamal   Manon

Guillaume   Léna

2 Trouvez et copiez les deux bonnes phrases pour chaque personne.

Exemple: **Blanche: d** J'ai joué au foot contre un autre collège. …

> **a** Je suis allé au match de foot au stade.
> **b** Je suis allée à un match de tennis à Paris.
> **c** J'ai joué au rugby dans un tournoi régional.
> **d** J'ai joué au foot contre un autre collège.
> **e** J'ai regardé le match de foot France-Espagne à la télé.
> **f** Amélie Mauresmo a gagné!
> **g** J'ai marqué deux essais!
> **h** La France a perdu le match 2–1.
> **i** La France a fait match nul contre l'Italie.
> **j** J'ai marqué un but fantastique!

Expo-langue →→→→   194   196

The perfect tense
To say what *you* did:
J'**ai gagné** le match. = I won the match.
Je **suis allé(e)** au stade. = I went to the stadium.

To say what *someone or something else* did:
La France **a gagné** le match. = France won the match.
Il **est allé** au match. = He went to the match.

3 Qu'est-ce que c'est en anglais?

1 Amélie Mauresmo a gagné le match.
2 La France a perdu le match.
3 La France a fait match nul contre l'Italie.
4 J'ai marqué un but.
5 J'ai marqué deux essais.

4 Écoutez et lisez. Trouvez les deux parties de chaque texte. (1–4)

Exemple: 1 d

1
Ma passion, c'est le rugby et je suis supporter de Toulouse! Samedi dernier, j'ai regardé le match Toulouse-Narbonne à la télé.

2
Je suis fan de cyclisme et l'année dernière, j'ai regardé la finale du Tour de France sur mon portable.

3
J'adore le skate et une fois, je suis allé à la Coupe du Monde de Skate à Marseille.

4
J'aime aller aux matchs de foot et je suis supportrice du PSG (Paris Saint-Germain). La semaine dernière, j'ai vu le match PSG contre Clermont-Foot.

a
L'Espagnol Alberto Contador a gagné la course! C'était extra!

b
Stéphane Sessegnon et Guillaume Hoarau ont marqué des buts et on a gagné le match! C'était génial!

c
Omar Hassan a gagné le championnat. C'est le roi des skateurs! C'était passionnant!

d
Michalak a marqué un essai fantastique, mais on a perdu le match 34–12. C'était nul!

 5 Vidéoconférence. Préparez et faites une présentation sur un match ou un autre événement sportif. Inventez les détails, si vous voulez.

Je suis supporter/supportrice de Manchester United et samedi dernier, j'ai regardé le match / je suis allé(e) au match Manchester United contre Arsenal …

J'adore le (foot/rugby/…).
Ma passion, c'est le (foot/rugby/…).
Je suis supporter/supportrice de …
Je suis fan de …

C'était extra/génial/chouette/passionnant/nul.
Ce n'était pas mal.

Hier/Samedi dernier/Le week-end dernier/L'année dernière, …
J'ai regardé le match (*nom de l'équipe*)– (*nom de l'autre équipe*) à la télé.
Je suis allé(e) au match (*nom de l'équipe*)– (*nom de l'autre équipe*).
J'ai vu le match (*nom de l'équipe*)– (*nom de l'autre équipe*).

(*Nom du joueur*) a marqué un but / deux buts / un essai.
(*Nom de l'équipe*) a gagné le match 2–1.
(*Nom de l'équipe*) a perdu le match 1–0.
(*Nom de l'équipe*) a fait match nul contre (*nom de l'autre équipe*).

 6 Écrivez la description d'un match que vous avez joué, regardé ou vu.

Ma passion, c'est le foot, et samedi dernier, j'ai joué dans un match contre …

écouter **1** Le week-end prochain. Écoutez et regardez les images. Qui parle? (1–6)

Laurent   Marie   Farid

Justine   Pascal   Liane

Expo-langue →→→→

Grammaire **190**

Remember: you use the *near future tense* (the present tense of **aller** (to go) + the infinitive of another verb) to talk about what you are going to do.

Je **vais acheter** un CD. = I am going to buy a CD.
Qu'est-ce que tu **vas faire**? = What are you going to do?
On **va jouer** au foot. = We're going to play football.

lire **2** Trouvez et copiez les deux bonnes phrases pour chaque personne de l'exercice 1.

1 Je vais regarder un peu la télé.

2 Je vais écouter de la musique dans ma chambre.

3 On va faire les magasins.

4 Je vais lire un livre de Harry Potter.

5 Je vais jouer au foot avec mes copains.

6 On va aller voir mes grands-parents.

7 Je vais aller au cinéma avec mon petit copain.

8 Je vais jouer à l'ordinateur.

9 Je vais aller à une fête.

10 On va manger une pizza.

11 Je vais retrouver mes copines en ville.

12 Je vais acheter un CD.

parler **3** Vidéoconférence. Préparez vos réponses à ces questions.

- Qu'est-ce que tu vas faire ce soir?
- Qu'est-ce que tu vas faire samedi prochain?
- Qu'est-ce que tu vas faire dimanche prochain?

4 Les phrases/questions sont au présent, au passé ou au futur?
Écrivez PR (présent), PA (passé) ou F (futur).

Exemple: 1 PA

1
J'ai regardé la télé.

2
Qu'est-ce que tu vas faire demain?

3
Je fais mes devoirs tous les soirs.

4
On va jouer au basket.

5
C'était assez intéressant.

6
J'ai vu un film de science-fiction.

7
D'habitude, j'écoute de la musique dans ma chambre.

8
Tu vas rester à la maison?

9
On est allés à un concert hier.

10
Le samedi, je retrouve mes copains en ville.

Expo-langue →→→→

Grammaire **194** *Grammaire* **196** *Grammaire* **190**

Use the *perfect tense* to talk/write about the *past*:

j'**ai regardé**, je **suis allé(e)**, on **a fait**

Use the *near future tense* (**aller** + infinitive) to talk/write about the *future*:

je **vais regarder**, on **va aller**, tu **vas faire**

 5 Écoutez. On parle du présent, du passé ou du futur? Écrivez PR, PA ou F. (1–3)

Time expressions	
Present	d'habitude – usually tous les jours/soirs/week-ends – every day/evening/weekend
Past	hier – yesterday samedi dernier – last Saturday le week-end dernier – last weekend
Future	demain – tomorrow samedi prochain – next Saturday le week-end prochain – next weekend

6 À deux. Préparez vos réponses à ces questions. Puis posez les questions et répondez.

■ Qu'est-ce que tu fais le week-end?

■ Qu'est-ce que tu as fait le week-end dernier?

■ Qu'est-ce que tu vas faire le week-end prochain?

● D'habitude, le week-end, je retrouve/joue/regarde/fais/vais …

● Le week-end dernier, j'ai retrouvé/joué/regardé/fait / je suis allé(e) …

● Le week-end prochain, je vais retrouver/jouer/faire/aller …

 7 Écrivez vos réponses aux questions de l'exercice 6.

1 Écoutez. Qui fait quoi sur l'Internet? Écrivez la bonne lettre pour chaque personne. (1–8)

1	Karim	a	Je surfe sur l'Internet.
2	Mélanie	b	Je fais des achats sur le Net.
3	Hugo	c	J'envoie des e-mails à mes copains.
4	Alex	d	Je regarde des vidéos.
5	Vincent	e	Je tchate dans des forums.
6	Nabila	f	Je joue à des jeux.
7	Louis	g	Je télécharge de la musique.
8	Sophie	h	Je vais sur les blogs de mes copains.

> Be careful with words that look the same or almost the same in English, like **Internet** and **vidéo**. They are usually pronounced differently!

2 Écoutez et répétez les paires de mots en anglais et en français.

3 Faites un sondage. Parlez à dix de vos camarades de classe. Notez les réponses.

Exemple:

- ■ Qu'est-ce que tu fais sur l'Internet?
- ● J'envoie des e-mails à mes copains et je tchate dans des forums.

4 Écoutez et lisez. Puis complétez les phrases en anglais.

> L'Internet est très utile pour les devoirs. C'est plus facile de faire des recherches sur l'Internet. Je télécharge aussi de la musique sur mon iPod parce que c'est plus rapide et c'est moins cher que les CD. Mais je n'aime pas envoyer des e-mails. C'est plus simple de parler au téléphone.
> Natascha

> Je passe tous les soirs sur l'Internet! À mon avis, c'est mieux que la télé. Je tchate avec mes copains et j'envoie des e-mails. Ça coûte moins cher que le portable. Mais je ne télécharge pas de musique. Je préfère acheter des CD parce que c'est moins compliqué.
> Hugo

Natascha says …

1 It's easier doing research for her homework on ▬▬▬▬.
2 She downloads music, because it's quicker and ▬▬▬▬ than CDs.
3 She doesn't like sending e-mails. It's simpler to ▬▬▬▬.

Hugo says …

4 The Internet is better than the ▬▬▬▬.
5 He chats online because it's cheaper than ▬▬▬▬.
6 He doesn't download music. He prefers ▬▬▬▬, because it's less complicated.

Expo-langue

The comparative

plus + adjective + **que** ...   = more + adjective + than ...
moins + adjective + **que** ...   = less + adjective + than ...

Télécharger de la musique est **plus rapide que** d'acheter des CD. = Downloading music is **quicker than** buying CDs.
L'Internet coûte **moins cher que** le portable. = The Internet is **less expensive** / **cheaper than** a mobile.

The word for 'better' is **mieux**.

 5 Trouvez les comparatifs dans les textes de l'exercice 4.

1 better	3 less complicated	5 quicker
2 cheaper	4 easier	6 simpler

6 À deux. Répétez le dialogue. Puis changez les détails en bleu.
Utilisez les idées A et B.

■ Qu'est-ce que tu préfères? Tchater sur le Net ou téléphoner à tes copains?
● Je préfère téléphoner à mes copains.
■ Pourquoi?
● Parce que c'est plus amusant.

A   Regarder la télé ou surfer sur l'Internet?

B   Télécharger de la musique ou acheter des CD?

C'est plus ...	amusant. (fun)
C'est moins ...	cher. (expensive)
	compliqué. (complicated)
	difficile. (difficult)
	facile. (easy)
	intéressant. (interesting)
	rapide. (quick, fast)
	simple. (simple)
	utile. (useful)
C'est mieux. (It's better.)	

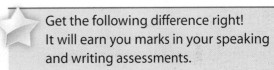

Get the following difference right!
It will earn you marks in your speaking and writing assessments.

Je télécharge ... / J'aime télécharge**r** ...
Je surfe ... / Je préfère surfe**r** ...
J'achète ... / Je n'aime pas achete**r** ...

 7 Écrivez un court paragraphe sur «La technologie et moi».

● Adapt the texts in Exercise 4 to write about yourself.
● Say what you do on the Internet.
● Include your opinion (**à mon avis** ...).
● Mention at least one thing you don't do and explain why.
● Include at least one comparative (**c'est plus/moins** ...).
● Use connectives: **et** (and), **mais** (but), **ou** (or), **parce que** (because), **aussi** (also).

Controlled assessment interaction

Task

A French friend is visiting you and wants to go to the cinema next week. He/She wants information about the opening hours of the cinema, tickets and the films showing. Use the advert to help you answer the questions.

- You will need to ask questions to find out what sort of films your friend likes.
- You will also need to give opinions on the kinds of films you enjoy watching and talk about films you have seen and films you want to see.

Your teacher will play the part of your French friend and will start the interaction.

Megaplex Cinema		Opening times: 7 days a week 10.00–23.00			Tickets: £6 adults, £4.50 children or students	
SCREEN 1	*Pride and Prejudice*	A romance	12	Thurs–Sat	8.00 p.m.	
SCREEN 2	*Madagascar*	An animated comedy	U	every day	5.00 p.m., 7.30 p.m.	
SCREEN 3	*Inside Man 2*	An action thriller	15	Fri & Sat	8.30 p.m.	
SCREEN 4	*Chocolat*	French version with English subtitles	12	Fri & Sat	6.00 p.m.	

1 Look at the advertisement and identify the film which is being described.

  1 C'est une histoire d'amour.

  2 Ça passe tous les jours à cinq heures et à sept heures et demie.

  3 C'est un dessin animé.

  4 Ce film passe vendredi et samedi à huit heures et demie.

  5 C'est un film d'action.

  6 C'est un film en français sous-titré en anglais.

2 You will hear a model conversation between Nick and his teacher, who is playing the role of his French friend. Listen to the first part of their conversation and make notes in English on:

  1 the questions Nick is asked

  2 the answers he gives.

3 Listen to the second part of Nick's conversation and fill in the gaps.

■ Tu veux y (**1**) ▬▬▬ vendredi ou samedi?

● Samedi, je (**2**) ▬▬▬ aller chez Richard (**3**) ▬▬▬ c'est son anniversaire.

■ Ah oui, on y va vendredi soir alors. Quels genres de films aimes-tu?

● Moi, j'aime les westerns et (**4**) ▬▬▬ films de guerre, mais je (**5**) ▬▬▬ les films d'horreur. J'adore les films comiques. La semaine (**6**) ▬▬▬, je suis (**7**) ▬▬▬ au cinéma pour voir *Les vacances de Mr Bean*.

● C'était comment?

■ (**8**) ▬▬▬ fantastique parce que c'était très (**9**) ▬▬▬! Quel est le dernier film que tu as (**10**) ▬▬▬?

● Le dernier film que j'ai vu était un film de *Star Wars* et c'était extra.

déteste   dernière   les

C'était   vu   allé   aller   vais

amusant   parce que

4 Now listen to the final part of Nick's conversation and answer the questions.

1 Which word does Nick use for 'because' when he gives his opinion about science-fiction films? What other word could he have used instead?

2 How does Nick say 'three days ago'? How would you say 'a week ago'?

3 The teacher asks Nick what type of film *My Big Fat Greek Wedding* is. What word does she use for 'type'?

4 Nick uses the near future to say what he plans to see next. How does he say 'I'm going to see'?

5 Now it's your turn! Prepare your answers to the task, then have a conversation with your teacher or partner.

● Use ResultsPlus and the work you have done in Exercises 1–4 to help you.
● Make your answers as full as possible and take the initiative by asking some questions yourself.

Award each other one star, two stars or three stars for each of these categories:
● pronunciation
● confidence and fluency
● range of tenses
● variety of vocabulary and expressions
● using longer sentences
● taking the initiative.

What do you need to do next time to improve your performance?

ResultsPlus

 Make sure you cover the basics!
◆ Include basic **vocabulary** to talk about different types of films: e.g. *les films de science-fiction, les films policiers, les westerns, les films d'action, les histoires d'amour, les films d'horreur.*
◆ Use simple **structures** correctly, e.g. *c'est* (it is), *j'aime* (I like), *je préfère* (I prefer), *j'adore* (I love), *je déteste* (I hate), *je vais* (I go).
◆ Include simple **opinions**, e.g. *c'est amusant, c'est passionnant.* You could put *à mon avis* (in my opinion) in front of them: *À mon avis, c'est amusant.*

 To achieve a Grade C, you should use:
◆ the **main tenses** correctly. Use the **present tense** to say what you usually do, e.g. *Je **vais** au cinéma tous les samedis*, the **perfect tense** to say what you did recently, e.g. *Le dernier film que j'**ai vu** …, Je **suis allé(e)** au cinéma* and the **near future** (*aller* + infinitive) to say what you are going to do, e.g. *Samedi, je **vais aller** chez Richard*
◆ *c'était* to say what something was like, e.g. *C'était fantastique, C'était trop long*
◆ a simple **negative**, e.g. *Je n'aime pas les films de science-fiction*
◆ the **correct form of address** when asking questions in an interaction. This is an informal situation; you know the person you are talking to, so remember to use *tu* (not *vous*) with the correct verb ending
◆ **connectives** such as *parce que* (because) to give **reasons**, e.g. *C'était fantastique parce que c'était très amusant.* You could use *car* as an alternative to *parce que* to add variety.

Épate l'examinateur!

◆ To really impress your examiner, use *il y a* to mean 'ago' (*il y a trois jours* = three days ago). This shows you know that this common phrase has more than one meaning; it doesn't just mean 'there is'.

 To increase your marks, you need to take the **initiative** in the interaction.
◆ Notice how Nick asks the teacher some **questions**, too: *Tu veux y aller? Quel est le dernier film que tu as vu?*

Un de mes films préférés

Je suis fan des bandes dessinées «Spider-Man», mais j'adore aussi les films de Spider-Man. Samedi dernier, j'ai regardé *Spider-Man 3* à la télé et c'était génial!

Dans le film, Harry, un copain de Peter Parker, veut tuer Spider-Man parce que Spider-Man a tué son père. De plus, Spider-Man doit combattre deux ennemis dangereux: Sandman et Venom. Spider-Man gagne la bataille et Harry meurt. Mais tout finit bien pour Peter Parker et sa petite copine Mary Jane (rôle interprété par Kirsten Dunst).

J'aime beaucoup le film parce qu'il est amusant et plein d'action. Les effets spéciaux sont superbes aussi. La vedette du film est Tobey Maguire et il est excellent dans le rôle principal. C'est un de mes acteurs préférés. À mon avis, *Spider-Man 3* est mieux que *Spider-Man 1* et *2* parce que c'est plus passionnant.

Je vais recommander le film à tous mes copains et le week-end prochain, je vais acheter les trois films de Spider-Man en DVD!

Guillaume

1 **Find the French equivalent of these phrases in the text and copy them out.**

  1 wants to kill Spider-Man
  2 Spider-Man killed his father
  3 to fight two dangerous enemies
  4 Spider-Man wins the battle
  5 Harry dies
  6 everything ends well for
  7 a part played by
  8 the star of the film
  9 I am going to recommend
  10 the three Spider-Man films on DVD

2 **Guillaume uses connectives to create longer, more interesting sentences. Find the French for the following connectives and note down how many times he uses each one: 'and', 'but', 'because', 'also', 'what's more'.**

3 **Choose the correct answer: a, b or c.**

1 Guillaume saw *Spider-Man 3* _____.
  (**a**) on TV
  (**b**) at the cinema
  (**c**) with his friends

2 Harry wants to kill Spider-Man because _____.
  (**a**) he is an enemy of Sandman and Venom
  (**b**) Spider-Man killed Harry's father
  (**c**) Harry loves Spider-Man's girlfriend

3 Guillaume thinks that *Spider-Man 3* is _____.
  (**a**) not as good as *Spider-Man 1* and *2*
  (**b**) funny and action-packed
  (**c**) slow at the beginning

4 Next weekend, Guillaume is going to _____.
  (**a**) buy the *Spider-Man 3* DVD
  (**b**) watch the film with his friends
  (**c**) buy all three Spider-Man DVDs

4 You might be asked to write about a film you have seen as a controlled assessment task. Use ResultsPlus to help you prepare.

ResultsPlus

 Make sure you cover the basics in your written assessment.
- Show that you can use basic **structures**, as Guillaume does: *je suis* (I am), *j'adore* (I love), *j'aime beaucoup …* (I like … a lot), *c'est* (it is), etc.
- Give a simple **opinion**. Guillaume uses *À mon avis …* to do this, but you could also use *Pour moi …* or *Je pense que …*
- Join your sentences with simple **connectives**, e.g. *et* (and) and *mais* (but).

 To achieve a Grade C, show that you can use a variety of **different tenses**, **adjectives** and **expressions** correctly. Use:
- the **present tense** to describe the plot of the film, e.g. *Harry **veut** tuer …*, *Spider-Man **doit** combattre …*, *Spider-Man **gagne** …*
- the **perfect tense** to say when you watched it and **c'était** to say what it was like, e.g. *j'**ai regardé** …*, **c'était** *génial*
- the **near future** (*aller* + infinitive) to say what you are going to do, e.g. *je **vais recommander** …*, *je **vais acheter** …*
- **adjectives** to give your opinion of the film. Guillaume uses: *génial, dangereux, amusant, excellent*. What other adjectives could you use? Remember, adjectives must agree with the noun they describe, e.g. *sa petit**e** copine, les effets spéciaux sont superbe**s***
- **time expressions**, e.g. *J'ai regardé un film.* → ***Samedi dernier**, j'ai regardé un film. Je vais acheter un DVD.* → ***Le week-end prochain**, je vais acheter un DVD.* What other time expressions could you use?

 To increase your marks:
- use the correct **spelling**, especially when using words with lots of vowels or accents (*beaucoup, préféré*) and words with double letters in them (*recommander, aussi*). And don't forget that *parce que* is two words!

Épate l'examinateur!

- To really impress your examiner, try using *mieux que …* (better than …). Look at how Guillaume does this. But make sure you spell *mieux* correctly!

5 Now write an article about one of your favourite films.
- Use or adapt phrases from Guillaume's text.
- If you have to look up words in a dictionary, make sure you choose the right translation! Look carefully at any examples given. Cross-check by looking the French word up in the French–English part of the dictionary.
- Structure your text carefully in paragraphs.

Introduction

What film did you see and when? What was it like?

Main paragraphs

What is the basic story of the film? (Keep it simple!) Who are the main characters and actors?

Conclusion

What did you think of the film and why? What are you going to see/read/buy/do next?

Check what you have written carefully. Check:
- spelling and accents
- gender of nouns (*le/la; un/une*)
- agreement (e.g. adjective endings)
- verbs and tenses (e.g. I watch = *je regarde* I watched = *j'ai regardé* I'm going to watch = *je vais regarder*).

Le cinéma — *Cinema*

une comédie	*a comedy*	un film policier	*a police/detective film*
un dessin animé	*a cartoon*	une histoire d'amour	*a love story*
un film d'action	*an action film*	en DVD	*on DVD*
un film d'arts martiaux	*a martial arts film*	un de mes films préférés	*one of my favourite films*
un film d'horreur	*a horror film*		
un film de science-fiction	*a science-fiction film*	J'adore (les films d'horreur).	*I love (horror films).*

La télé — *TV*

une émission de science-fiction	*a science-fiction programme*	les informations (f) (les infos)	*the news*
une émission de sport	*a sports programme*	mon émission préférée	*my favourite programme*
une émission de télé-réalité	*a reality TV programme*	Qu'est-ce qu'on passe?	*What's on?*
une émission musicale	*a music programme*	Il y a (une émission musicale).	*There's (a music programme).*
un jeu télévisé	*a game show*	Je regarde la télé ...	*I watch TV ...*
une série	*a series / soap opera*	tous les soirs/les week-ends	*every evening/ weekend*
une série médicale/ policière	*a medical / police drama*		

Ça te dit? — *Does that appeal to you?*

Tu veux aller ... ?	*Do you want to go ... ?*	Ça coûte combien?	*How much does it cost?*
au cinéma/au théâtre	*to the cinema/to the theatre*	Ça coûte (10) euros.	*It costs (10) euros.*
à un concert/en ville	*to a concert/into town*	On se retrouve où?	*Where shall we meet?*
Je veux bien.	*I'd really like to.*	À quelle heure?	*At what time?*
Ça commence à quelle heure?	*When does it start?*	chez moi	*at my house*
		chez toi	*at your house*
Ça commence à (19h30).	*It starts at (7.30).*	D'accord.	*OK.*

Les invitations — *Invitations*

Tu veux ... ?	*Do you want ... ?*	aujourd'hui	*today*
aller en ville/au cinéma	*to go into town/to the cinema*	ce matin	*this morning*
		cet après-midi	*this afternoon*
faire du bowling/de la natation	*to go bowling/ swimming*	ce soir	*this evening*
		demain (matin/soir)	*tomorrow (morning/ evening)*
jouer au tennis/au foot	*to play tennis/football*		
venir à ma fête	*to come to my party*	samedi (soir)	*(on) Saturday (evening)*

Les excuses — *Excuses*

(Je suis) désolé(e).	*I'm sorry.*	faire mes devoirs	*do my homework*
Excuse-moi.	*I'm sorry.*	garder mon petit frère/ ma petite sœur	*look after my little brother/sister*
Je ne peux pas.	*I can't.*	promener le chien	*walk the dog*
Je ne peux pas venir à ta fête parce que ...	*I can't come to your party because ...*	ranger ma chambre	*tidy my bedroom*
Je dois ...	*I have to ...*	rentrer avant 22h	*come home before 10 p.m.*
aller voir ma grand-mère	*go and see my grandmother*		
		rester à la maison/au lit	*stay at home/in bed*

Les opinions / *Opinions*

C'était …	*It was…*	marrant	*funny*
assez	*quite*	ennuyeux	*boring*
tout à fait	*completely*	intéressant	*interesting*
très	*very*	lent	*slow*
trop	*too*	long	*long*
un peu	*a bit*	nul	*rubbish*
amusant	*amusing/fun*	passionnant	*exciting*
chouette/extra/génial	*great/fantastic*	Ce n'était pas mal.	*It wasn't bad.*
drôle	*funny*		

Le week-end dernier / *Last weekend*

Qu'est-ce que tu as fait … ?	*What did you do … ?*	J'ai regardé Shrek en DVD.	*I watched* Shrek *on DVD.*
hier	*yesterday*		
samedi dernier	*last Saturday*	J'ai vu un film d'action au cinéma.	*I watched an action film at the cinema.*
pendant les vacances	*during the holidays*		
Je suis allé(e) au cinéma.	*I went to the cinema.*	J'ai lu un livre de Lemony Snicket.	*I read a Lemony Snicket book.*
Je suis resté(e) à la maison.	*I stayed at home.*		

Les événements sportifs / *Sporting events*

le match (de foot)	*(football) match*	le/la supporter/trice (de)	*supporter (of)*
le/la champion(ne)	*champion*	le tournoi	*tournament*
le championnat	*championship*	contre	*against*
la Coupe du Monde	*the World Cup*	faire match nul	*to draw*
la course	*race*	être fan de	*to be a fan of*
l'équipe (f)	*team*	Il/Elle a marqué (un but/un essai).	*He/She scored (a goal/a try).*
la finale	*final*		
le/la joueur/euse	*player*	On a gagné/perdu (le match).	*We won/lost (the match).*
le stade	*stadium*		

Le week-end prochain / *Next weekend*

Qu'est-ce que tu vas faire … ?	*What are you going to do … ?*	faire les magasins	*go shopping*
dimanche prochain	*next Sunday*	jouer à l'ordinateur/ au foot	*play on the computer/ football*
demain	*tomorrow*	lire un livre	*read a book*
Je vais/On va …	*I'm/We're going to …*	manger une pizza	*eat a pizza*
acheter un CD	*buy a CD*	regarder la télé	*watch TV*
aller au cinéma/à une fête	*go to the cinema/ to a party*	rester à la maison	*stay at home*
aller voir mes grands-parents	*go and see my grandparents*	retrouver mes copains/ copines	*meet up with my friends*
écouter de la musique	*listen to music*	voir un film	*see a film*

La technologie / *Technology*

faire des achats sur le Net	*to shop online*	télécharger	*to download*
surfer (sur l'Internet)	*to surf (the Net)*	l'e-mail (m)	*e-mail*
tchater	*to chat (online)*	le portable	*mobile (phone)*

Déjà vu

1 **Trouvez le bon titre pour chaque image.**

a    b    c    d

e   f    g    h

le salon
la cuisine
la salle de bains
la chambre de mes sœurs
ma chambre
le garage
le jardin
la cave

2 **Écoutez et notez l'image qui correspond à chaque conversation. (1–8)**

Déjà vu

Expo-langue →→→→

Grammaire 191

The easiest way to ask a question in French is to make your voice rise at the end of what you say:
Ta maison a une cave? = Does your house have a cellar?

There are three other ways of asking questions in French.

1 Start with **Est-ce que …?**:
   Est-ce que tu habites une maison ou un appartement? = Do you live in a house or a flat?

2 Invert (swap over) the verb and the subject:
   As-tu un garage? = Do you have a garage?

3 Start with a question word:
   Où est le salon? = Where is the living room?
   Comment est ta chambre? = What is your room like?
   quand? = when?   **quel/quelle?** = which?   **qui?** = who?   **que** = what?

3 **Mettez les mots dans le bon ordre pour former des questions.**

1 petite   cuisine   ta   est   est-ce que   ?
2 jardin   tu   un   as   ?
3 ta   comment   maison   est   ?
4 s'il vous plaît   où   salle   bains   de   est   la   ?
5 une   ta   cave   maison   est-ce que   a   ?

4 Voici la maison de Laurent. Écrivez une description.
Utilisez les phrases de la case.

premier
étage

rez-de-
chaussée

sous-sol

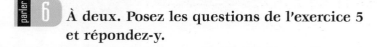

Il y a … pièces. – There are … rooms.
Le salon/garage est (grand/petit). – The living room/garage is (big/small).
La cuisine/Ma chambre/La salle de bains est (grande/petite). – The kitchen/My room/
The bathroom is (big/small).
Au rez-de-chaussée, il y a … – On the ground floor, there is …
Au premier étage, il y a … – On the first floor, there is …
Au sous-sol, il y a … – In the basement, there is …

5 Reliez la question à la bonne réponse.

1 Où habites-tu?

2 Où se trouve ta maison?

3 Comment est ta maison?

4 Depuis combien de temps
habites-tu là?

5 Est-ce que ta maison a
un jardin?

6 Tu aimes habiter à
Portsmouth?

a J'aime habiter à Portsmouth parce qu'il
y a un grand centre commercial.

b Ma maison est assez grande et moderne.

c J'habite dans une maison dans le sud-
est de l'Angleterre, dans la ville de
Portsmouth.

d Ma maison se trouve en banlieue.

e J'y habite depuis cinq ans.

f Nous avons un petit jardin derrière la
maison.

6 À deux. Posez les questions de l'exercice 5
et répondez-y.

écouter 1 Écoutez. Où habitent-ils? Choisissez les deux bonnes images pour chaque personne. (1–5)

1 Constance   **2** Paul   **3** Didier   **4** Arthur   **5** Laure

Habitation …

a    **b**    **c**    **d**    **e**

Situation

f   **g**   **h**   **i**   **j**

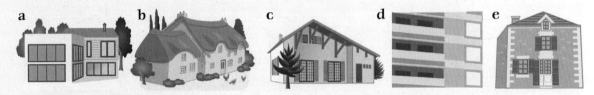

lire 2 Lisez et décidez. Qui écrit?

1 J'habite une belle maison en centre-ville. Elle est vieille et ma famille y habite depuis toujours.

2 J'habite un bel appartement dans un immeuble moderne en banlieue. Nous habitons au troisième étage et j'ai une belle vue sur la ville de ma fenêtre. J'y habite depuis deux ans.

3 J'habite une vieille maison à la campagne. Elle est belle et nous avons un grand jardin. J'y habite depuis cinq ans.

4 J'habite un appartement moderne en banlieue. Il y a un grand espace vert devant l'immeuble où je joue au foot. J'y habite depuis un an.

Luc   Vincent   Sophie   Corinne

Expo-langue

To say how long you have done something, use **depuis** + the present tense.
J'y **habite depuis** deux ans. = I have lived there for two years.

un espace vert – a green space / park

3 Où j'habite, c'est comment? Écoutez. Copiez et remplissez la grille. (1–5)

	maison (M) ou appartement (A)?	grand(e) (G) ou petit(e) (P)?	moderne (M) ou vieux/vieille (V)?	beau/belle (✔) ou pas beau/belle (✘)?
1				
2				
3				

4 Où habitent-ils? Choisissez les bons mots pour compléter le texte.

1 J'habite une vieille (*maison/appartement*) en banlieue. Elle est (*grand/grande*), mais elle n'est pas (*beau/belle*).
2 J'habite un petit (*maison/appartement*) dans un (*maison/immeuble*) en banlieue.
3 J'habite une (*maison/appartement*) moderne en ville. Elle est (*petit/petite*) et (*beau/belle*).
4 J'habite un vieil (*maison/appartement*) à la campagne. Le jardin est (*grand/grande*) et (*beau/belle*).

Expo-langue →→

The adjectives **beau** (beautiful/nice) and **vieux** (old) go *before* the noun: **un beau jardin**.

masculine	feminine
beau	belle
vieux	vieille

But:
un bel/vieil appartement
un bel/vieil immeuble

5 Trouvez la bonne image.

a  b   c  d  e

1 Notre maison est près du collège. J'y vais à pied.
2 J'habite à vingt minutes du collège. J'y vais en car de ramassage.
3 J'habite assez loin du collège. J'y vais en bus.
4 J'habite dans un village. Maman m'amène au collège en voiture.
5 J'habite à dix minutes du collège. J'y vais en vélo.

6 Écrivez quatre phrases.

J'habite un (grand/petit/vieil/bel) appartement / une (grande/petite/vieille/belle) maison.
La maison/L'appartement est en ville/banlieue …
Il/Elle est (près du collège / à deux minutes du collège).
J'y vais …

près de – near to
loin de – far from
à cinq minutes de
    – five minutes from
J'y vais …
    – I go (there) …
le car de ramassage –
    school bus
Maman/Papa m'amène
    – Mum/Dad takes me

7 Préparez une présentation: *Ma maison / Mon appartement*. Utilisez les exercices 4 et 6 pour vous aider et notez des mots/images comme aide-mémoire.

écouter **1** Écoutez et notez. Qu'est-ce qu'il y a dans ma ville? (1–5)

Exemple: 1 j, b, …

a le musée
b la gare
c la gare routière
d le stade
e la grande surface

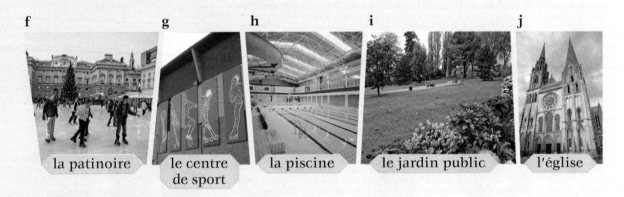

f la patinoire
g le centre de sport
h la piscine
i le jardin public
j l'église

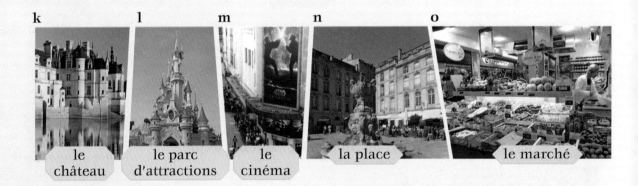

k le château
l le parc d'attractions
m le cinéma
n la place
o le marché

Expo-langue

Il y a … = There is / There are …
Il n'y a pas de … = There isn't/aren't any …

parler **2** À deux. Qu'est-ce qu'il y a dans votre ville et qu'est-ce qu'il n'y a pas?

■ Il y a une église, il y a une bibliothèque et il y a …
Mais il n'y a pas de …

écrire **3** Faites la liste de ce qu'il y a dans votre ville et de ce qu'il n'y a pas.

écouter 4 Écoutez et lisez. Qu'est-ce qu'il y a et qu'est-ce qu'il n'y a pas? Copiez et complétez la grille. (1–3)

	✔	✗
Damien	*un jardin botanique, une vieille église, …*	
Marjolaine		
Didier		

1

La ville où j'habite n'est pas très grande, mais elle est belle. C'est une ville fleurie. Il y a un jardin botanique avec des fleurs, des arbres et des plantes, une vieille église, un vieux château et un parc zoologique avec des animaux. C'est très joli, mais il y a des inconvénients. Par exemple, il n'y a pas de piscine découverte, de centre de sport ou de cinéma et c'est trop tranquille.
Damien

2

La ville où j'habite est une grande ville commerçante. Il y a beaucoup de magasins et de grandes surfaces. Dans le centre-ville, il y a une grande place où il y a un marché le samedi et le mercredi. C'est vivant, mais il n'y a pas de parc d'attractions ou de centre de loisirs pour les jeunes.
Marjolaine

3

Notre ville est petite. Il n'y a pas de gare ni de gare routière. Il y a la place du marché, l'église, un petit supermarché, un musée d'art, un théâtre et un cinéma, mais il n'y a pas de jardin public ni de centre de sport. C'est trop tranquille et pour les jeunes il n'y a pas beaucoup de choses à faire! Mais il y a des avantages.
Didier

un avantage – advantage
un inconvénient – disadvantage

lire 5 Qui parle? Damien, Marjolaine ou Didier?

1 C'est bien si on aime faire du shopping.

2 C'est bien si on aime la culture.

3 C'est bien si on aime faire des promenades.

lire 6 Quels sont les avantages et les inconvénients? Copiez et complétez la grille en anglais.

	Advantages	Disadvantages
Damien		
Marjolaine		
Didier		

parler 7 Vidéoconférence. Préparez une présentation: *Ma ville.*

Chez nous, il y a …
Il n'y a pas de …
C'est tranquille/vivant/joli/intéressant/ennuyeux …

écrire 8 Décrivez votre ville à votre correspondant(e) français(e).

La ville où j'habite est … et …
Il y a … , mais il n'y a pas de …
C'est (assez vivant), mais …
Il y a des avantages. Par exemple, il y a … / c'est très …
Il y a des inconvénients. Par exemple, il y a … / il n'y a pas de … / ce n'est pas … / c'est trop …

écouter 1 Écoutez et notez. Ils aiment ou ils n'aiment pas où ils habitent? (1–5)

✔✔	aime bien
✔	aime
–	bof
✗	n'aime pas

Expo-langue

loin du/de la/de l'/des = far from
près du/de la/de l'/des = near to

trop de = too much/many (of)
assez de = enough (of)
pas assez de = not enough (of)

écouter 2 Écoutez encore une fois. Qu'est-ce qui ne va pas? Choisissez la bonne phrase.

C'est trop loin …

a du collège **b** du centre-ville **c** de ses amis **d** du cinéma **e** de la campagne

lire 3 Lisez les textes et répondez aux questions.

Chez moi, c'est trop calme. Il n'y a pas assez de choses à faire pour les jeunes, mais c'est bien si on aime les animaux!
Julien

Où j'habite, c'est génial, mais il y a beaucoup de monde et trop de circulation. Il n'y a pas assez d'espaces verts et c'est trop bruyant, mais on est près des commerces.
Sarah

Où j'habite, ce n'est pas assez grand. Il n'y a pas assez de bus et je suis trop loin de mes copains, mais il n'y a pas beaucoup de pollution ou de bruit.
Didier

Chez moi, il y a toujours trop de bruit et de pollution parce que les véhicules circulent jour et nuit.
Umit

Autour de chez moi, il y a beaucoup de maisons. Le centre-ville est à 3km, mais il n'y a pas assez de transports publics. On est trop loin des commerces, mais il y a des espaces verts.
Clémence

bruyant – noisy

Qui habite …
1 en centre-ville?
2 à la campagne?
3 dans un village?
4 en banlieue?
5 près d'une autoroute?

Qui parle?
6 C'est trop bruyant d'habiter près du centre commercial.
7 C'est trop pollué à cause des poids lourds.
8 Ce n'est pas assez animé ici.
9 Je suis trop loin de mes amis.
10 On est trop loin des magasins.

écrire 4 C'est comment? Écrivez une phrase pour chaque image.

1   2   3   4   5   6   7

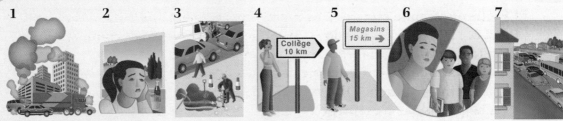

Collège
10 km

Magasins
15 km ➡

5 À deux. Posez et répondez aux questions.

- Où habites-tu?
- C'est comment?
- Tu aimes y habiter?
- Pourquoi?
- Quels sont les avantages?
- Quels sont les inconvénients?

6 Trouvez la bonne image pour chaque texte.

a b  c  d  e

1

J'habite en centre-ville. Notre appartement est au-dessus de la boulangerie. Ça sent bon, mais c'est trop près des commerces, il y a trop de monde. C'est trop bruyant.
Luc

2

J'habite en banlieue. Il y a beaucoup de grands immeubles en béton et il n'y a pas assez d'espaces verts où on peut jouer. Pour aller en ville, il faut prendre le bus.
Constance

3

J'habite à la campagne. Notre maison est très vieille et nous avons un beau jardin avec des fleurs et des plantes, mais je suis trop loin de la ville et de tous mes copains. En plus, il n'y a pas de bus.
Thibault

4

J'habite dans une petite ville. Notre maison donne sur la place où je fais du vélo le soir et où les adultes jouent à la pétanque. C'est très joli, mais en été il y a trop de touristes.
Carole

7 Répondez aux questions en anglais.

Who ...
1 lives in an old house?
2 lives above a shop?
3 lives in a house on the village square?
4 lives in a block of flats?
5 would like somewhere to play?
6 finds it too far from the town?
7 finds it too noisy?
8 finds it too busy in summer?

au-dessus de – above
trop de monde – too many people
le béton – concrete
la pétanque – bowls (French style)

8 Écrivez un paragraphe sur votre maison et votre quartier.

J'habite (une grande maison / un petit appartement) (en ville / banlieue).
La maison (est près / est loin) (du centre / du collège / des commerces).
Chez nous, c'est (génial / trop calme / très bruyant).
Il y a (beaucoup / trop) de (circulation / bruit).
Il n'y a pas assez (de commerces / d'espaces verts).
C'est trop loin (de la gare / du cinéma / de mes copains).

1 Écoutez. C'est quel genre de ville?

1 Boulogne-sur-Mer
2 Le Havre
3 Annecy
4 Strasbourg
5 Nice
6 Lyon
7 Marseille
8 Carcassonne

 une ville
historique

 un port
de pêche

 une ville
touristique

 une ville
commerçante

 un port de
commerce

une station
balnéaire

 une ville
industrielle

2 À deux. Trouvez des exemples près de chez vous.

■ (Blackpool) est une station balnéaire.
● (Manchester) est …

3 Qu'est-ce qu'on peut y faire? Lisez le texte et choisissez a, b ou c pour compléter chaque phrase.

Annecy est une très belle ville située au bord d'un grand lac et près de la frontière suisse. C'est une ville historique et touristique. Le paysage est magnifique.

En été, on peut faire des sports comme:
● la planche
● la voile
● le canoë-kayak
● l'escalade
● le VTT

En hiver, on peut faire:
● du ski
● du snowboard
● de la luge

Pour ceux qui n'aiment pas le sport, on peut:
● lécher les vitrines dans les centres commerciaux
● visiter le château
● visiter la vieille ville et les musées
● se reposer au bord du lac où il y a de grands espaces verts

En plus, on peut:
● se balader dans les montagnes qui entourent le lac
● visiter la région

lécher les vitrines – to window shop (lit.: to lick the shop windows)

1 Annecy est   (**a**) une ville touristique.   (**b**) une ville industrielle.   (**c**) un port de pêche.
2 Elle se trouve au bord   (**a**) de la mer.   (**b**) d'un lac.   (**c**) d'une rivière.
3 Elle est entourée   (**a**) d'une forêt.   (**b**) de grandes villes.   (**c**) de montagnes.
4 La ville est   (**a**) moderne.   (**b**) vieille.   (**c**) fortifiée.
5 En été, on peut faire   (**a**) de la planche.   (**b**) du ski.   (**c**) du patin à glace.
6 En hiver, on peut faire   (**a**) de la natation.   (**b**) de la luge.   (**c**) du surf.
7 On peut   (**a**) visiter la citadelle.   (**b**) aller à la plage.   (**c**) faire du shopping.

Expo-langue →→→→

You use **on peut** + the infinitive to say what you can do.
On peut faire du patin à glace. = You can do/go ice skating.

parler

4 À deux. Qu'est-ce qu'on peut faire? Posez et répondez aux questions.

■ À Annecy, est-ce qu'on peut (jouer au tennis)?
● Oui, on peut jouer au tennis.

écrire

5 Écrivez un paragraphe: *Ma ville préférée.*

Ma ville préférée est …
C'est une (grande/petite) ville (historique/moderne).
Il y a une cathédrale / un musée / un château …
On peut:
- faire le tour de la ville
- visiter les monuments / le château / les sites touristiques
- faire du shopping / du sport
- jouer au tennis
- aller à la piscine / au cinéma

parler

6 À deux. Jeu de mémoire. Ajoutez une autre activité à chaque fois.

■ Je suis allé(e) à Annecy et j'ai visité le château.
● Je suis allé(e) à Annecy, j'ai visité le château et j'ai nagé dans le lac.
■ Je suis allé(e) à Annecy, j'ai visité le château, j'ai nagé dans le lac et …

écrire

7 Imaginez que vous avez passé une semaine à Annecy avec votre famille. Qu'est-ce que vous avez fait?

L'année dernière, je suis allé(e) à Annecy. Il faisait beau et j'ai (fait … / joué … / nagé), etc.

Task

Prepare a presentation about your town and local area to attract French tourists to visit.

You could include:
- where the town/village is situated
- what there is to do and see
- other attractions in the area
- a comparison with other places where you may have lived in the past (or what your town was like in the past)
- the main attractions in a nearby town/city and your opinions of them
- whether you like living in your area
- suggestions on how your area could be improved.

You may not want to include all of this, but you should prepare as much as you can, as your teacher will also ask some questions about your presentation.

1 Mikala is giving a presentation about her region to her teacher. Listen to the first part of the presentation and choose the four sentences which are correct.

1 Mikala has been living in Billingshurst since she was five years old.
2 Billingshurst is 30 minutes by train from London.
3 There are trains every half hour to London.
4 There is a new swimming pool in Billingshurst.
5 When she was younger, Mikala lived in a large town.
6 Mikala thought it was practical living in a town.

2 Listen again and choose the correct answers.

1 What phrase does Mikala use to say she's been living there 'for five years'?
 (a) depuis cinq ans
 (b) pendant cinq ans
2 What phrase does she use to say 'I used to live' in a town?
 (a) j'habite (b) j'habitais

3 Listen to the second part of Mikala's presentation and fill in the gaps.

■ À Billingshurst il n'y a (1) _____ d'attractions pour les touristes. Si on (2) _____ visiter des monuments et des musées, il (3) _____ aller à Londres ou à Brighton.
● Qu'est-ce qu'il y a comme attractions à Londres?
■ Une attraction (4) _____ est la Tour de Londres où on peut (5) _____ l'exposition des joyaux de la couronne.
● Quels musées y a-t-il à Londres?
■ Il y a (6) _____ musées pour tout le monde à Londres, par exemple le musée des Sciences et le musée Britannique. L'année dernière, j'ai (7) _____ le musée des Sciences et c'était (8) _____.
● Et si on préfère être en plein air?
■ Si vous (9) _____ être en plein air, vous pouvez visiter le parc de Hyde Park ou (10) _____ une croisière sur la Tamise.

principale faire visité voir
faut veut des fascinant
préférez pas beaucoup

4 Now listen to the final part of the questions and answers on Mikala's presentation and answer the questions.

  1 Mikala uses the phrase *la plus grande attraction* (the biggest attraction). How does she say 'the nearest town'?

  2 What phrase does Mikala use to give her opinion of her visit to Chessington World of Adventures?

  3 The last question the teacher asks Mikala is how her village could be improved. How does she say 'you could build a cinema'?

5 Now it's your turn! Prepare your answers to the task, then give a presentation to your teacher or partner.

  ● Use ResultsPlus and the work you have done in Exercises 1–4 to help you.

● Make yourself a prompt sheet (A5 size, containing no more than 30 words) and practise your presentation until you are fluent.

● Record your presentation and play it to a partner. Discuss what questions the teacher could ask you about your presentation.

Award each other one star, two stars or three stars for each of these categories:

● pronunciation
● confidence and fluency
● range of tenses
● variety of vocabulary and expressions
● using longer sentences
● taking the initiative.

What do you need to do next time to improve your performance?

ResultsPlus

Be sure to get the basics right!
  ◆ Make a **confident start** by saying: *Je vais parler de …* (I am going to talk about …).
  ◆ Use **basic phrases** correctly: *C'est …* (It is …), *J'aime …* (I like …), *Il y a …* (There is/There are …).
  ◆ Express **simple opinions:** *C'est tranquille et pittoresque* (It's quiet and pretty).

To achieve a Grade C, you need to ensure that you:
  ◆ include plenty of **adjectives** to describe your town or locality to make it sound attractive to tourists. How many adjectives can you list from Mikala's presentation?
  ◆ use the **three main tenses** (present, perfect and near future). Mikala uses:
    ● the **present tense** to talk about what there is in her village (*Nous avons …/Il y a …*)
    ● the **perfect tense** to talk about what she has visited (*j'ai visité … , je suis allée …*)
    ● the **near future** to introduce her presentation: *Je vais parler de …* (I'm going to talk about …)
  ◆ use **expressions with the infinitive:** *Il faut* + infinitive (You have to …), *On peut* + infinitive (You can …).

To increase your marks, use:
  ◆ **phrases with *si*:** *Si on préfère …* (If you prefer …), *Si on veut …* (If you want …)
  ◆ a range of **negative expressions**: *Il n'y a pas* beaucoup d'attractions (There are not many attractions), *Nous n'avons pas assez* de distractions (We do not have enough to do).

Épate l'examinateur!

◆ In Mikala's presentation, she uses the conditional to talk about what could be done to improve the town: *On pourrait construire …* (They could build …).

Controlled assessment practice

Le Périgord

Bienvenue en Périgord, pays magique

Office de tourisme du Périgord: réserver votre hôtel, organiser votre visite

Vous cherchez où dormir?

Hôtels; campings; chambres d'hôte; gîtes; auberges de jeunesse

Cliquez (ici) pour les meilleurs hébergements de la région.

Vous avez faim?

Dégustez les meilleurs produits de la région: vins, viandes, pâtés, fromages, etc. Cliquez (ici) pour un grand choix de restaurants, brasseries, snacks et buffets.

Où voulez-vous aller?

Visitez les sites: les anciennes villes; les châteaux; les musées; les cathédrales; les sites préhistoriques; le parc animalier; le parc d'attractions.

Cliquez (ici) pour la liste des sites.

Qu'est-ce que vous voulez faire?

Faites du sport: tennis, équitation, natation, golf, canoë, pêche, VTT.

Cliquez (ici) pour la liste des activités et loisirs.

Vous voulez vous déplacer?

Horaire de bus et train: (téléchargez l'horaire)

Plans et cartes: (consultez la carte) (téléchargez la carte)

Commentaires des visiteurs

«Nous avons passé deux semaines fantastiques ici. J'ai fait beaucoup de sport, j'ai joué au tennis avec mon frère, je suis allé à la pêche avec mon père et nous avons fait du canoë. Nous sommes allés à la piscine presque tous les jours. Nous avons visité l'ancienne ville, un château et une grotte préhistorique. Le soir, nous avons fait un barbecue ou nous avons dîné au restaurant. C'était impeccable!»

Damien (Lille)

1 Find the French equivalent of these phrases in the text and copy them out.

1 Are you looking for somewhere to sleep?
2 bed and breakfasts
3 Try the best products
4 Click here
5 bus and train timetable
6 We spent two great weeks here
7 We went to the swimming pool
8 We ate in the restaurant

2 This style of writing uses the *vous* form to 'talk' to the person reading the web page. Find ...

1 three examples of the *vous* form
2 five examples of the imperative

3 Answer the questions in English.

1 Apart from hotels and campsites, name two types of accommodation you could choose from in the town.
2 Name three regional specialities you could try.
3 Name three attractions for visitors.
4 How many sports can you do in the area? What are they?
5 What information can you download about transport in the area?
6 Where did Damien go almost every day?

4 You might be asked to design a web page or write a brochure for your local town or area as a controlled assessment task. Use ResultsPlus to help you prepare.

 Results**Plus**

Make sure you cover the basics!
- ◆ Organise your page to look like a web page. Break up the text with **headers**. Look at the headers on the web page opposite and choose which ones you could use for your area.
- ◆ Choose the right **vocabulary** to talk about the town or area you are promoting. You can use some lists, but not too many!

To achieve a Grade C, you need to use the main tenses and adjectives.
- ◆ Use a **visitor's review** to write longer sentences and use other persons (*je/nous*) and tenses.
- ◆ Use the **perfect tense with** *avoir* to say what you did and **with** *être* to say where you went.
- ◆ Make sure that your **adjectives** agree with the nouns: *la ville* and *la région* are both feminine!

To increase your marks:
- ◆ use the ***vous*** form of the verb and the **imperative** correctly:
  Vous organisez – Organisez!
  Vous réservez – Réservez!
- ◆ make sure you write **plural nouns** correctly: *les châteaux, les bâtiments, les produits.* Remember that the **adjective** must be in the plural too: *historiques, régionaux.*

Épate l'examinateur!
- ◆ Show you know the past participle must change when you use a plural form of *être* in the perfect tense, as Damien does: *nous sommes allés*.

5 Now design a web page or a brochure for your town or a tourist area you know well.
- ● Adapt the text on page 62.
- ● Choose words and phrases from it which are relevant to the area you are writing about.
- ● If you need words which are not in the book, remember they might be similar to English, but expressed in a different way: e.g. 'a transport museum' is *un musée des transports.*
- ● Write longer descriptions of some of your local sights.

Introduction

Make a nice header for your web page.
What are the main characteristics of the area you have chosen?
What is special about it?
Is it a tourist area, a seaside town, a historic area, a modern town, etc?
Can you convey some of that in your header?

Main paragraphs

Choose which 'questions' you are going to use from the text.
Write one or two sentences about each.
Add a list of subheaders, including words 'to click on' for each one.

Conclusion

Write a review by a visitor to the area demonstrating your ability to use other persons and tenses.

Check what you have written carefully. Check:
- ● gender of nouns: *le château, la cathédrale*
- ● agreement of adjectives with the noun they describe: *sites historiques*
- ● plurals of nouns (most add –*s*, but nouns ending in –*eau* add –*x*: *le château – les châteaux*)
- ● verb endings
  – the perfect tense with *avoir*: *j'ai fait …, nous avons fait …*
  – the perfect tense with *être*:
  je suis allé(e) …,
  nous sommes allé(e)s …

Ma maison — *My house*

le balcon	*balcony*	la salle de bains	*bathroom*
le garage	*garage*	les toilettes (f)	*toilet*
le jardin	*garden*	l'entrée (f)	*entrance/hall*
le salon	*sitting room*	au rez-de-chaussée	*on the ground floor*
la cave	*cellar*	au (premier) étage	*on the (first) floor*
la chambre (de mes sœurs)	*(my sisters') bedroom*	au sous-sol	*in the basement*
la cuisine	*kitchen*	Il y a …	*There is …*
la douche	*shower*	grand(e)	*big*
		petit(e)	*small*

Ma chambre — *My bedroom*

J'ai ma propre chambre.	*I have my own bedroom.*	une table	*a table*
Je partage une chambre avec …	*I share a room with …*	Je n'ai pas de télé.	*I don't have a TV.*
		je range mes vêtements/ affaires	*I put away my clothes/things*
Dans ma chambre, j'ai …	*In my room I have …*	dans une commode	*in a chest of drawers*
un lit	*a bed*	D'habitude, …	*Usually …*
deux lits superposés	*bunkbeds*	je lis dans ma chambre	*I read in my room*
un ordinateur	*a computer*	je fais mes devoirs	*I do my homework*
un placard	*a cupboard*	Je me couche vers (21h30).	*I go to bed around (9.30).*
un poste de télévision	*a television set*		
un lecteur DVD	*a DVD player*	Hier soir, j'ai écouté de la musique.	*Last night I listened to music.*
une armoire	*a wardrobe*		
une étagère	*a bookshelf*		

Où j'habite — *Where I live*

J'habite …	*I live in …*	au bord de la mer	*at the seaside*
Il/Elle habite …	*He/She lives in …*	J'y habite depuis (trois) ans.	*I've lived there for (three) years.*
un appartement	*a flat*	Il/Elle est …	*It is …*
un chalet	*a chalet*	près du collège	*near school*
un immeuble	*a block of flats*	loin du collège	*far from school*
une ferme	*a farm*	à deux minutes du collège	*two minutes from school*
une maison	*a house*	J'y vais …	*I go there …*
vieux/vieille (vieil)	*old*	en bus	*by bus*
beau/belle (bel)	*beautiful, lovely*	en car de ramassage	*by school bus*
moderne	*modern*	en/à vélo	*by bike*
en ville	*in town*	en voiture	*by car*
en centre-ville	*in the town centre*	à pied	*on foot*
en banlieue	*in the suburbs*		
dans un village	*in a village*		
à la campagne	*in the country*		

Ma ville — *My town*

Qu'est-ce qu'il y a?	*What is there?*
Chez nous, il y a …	*Where I live, there's/ there are …*
le centre de loisirs	*leisure centre*
le centre de sport	*sports centre*
le château	*castle*
le cinéma	*cinema*
le jardin public	*park*
le marché	*market*
le musée	*museum*
le parc d'attractions	*theme park*
le stade	*stadium*
la grande surface	*hypermarket*
la gare	*(train) station*
la gare routière	*bus station*
la patinoire	*ice rink*
la piscine (découverte)	*(open-air) swimming pool*
la place	*square*
l'église (f)	*church*
l'espace vert (m)	*green space, park*
Il n'y a pas de (cinéma).	*There aren't any (cinemas).*
Il y a des avantages (m).	*There are advantages.*
Il y a des inconvénients (m).	*There are disadvantages.*
C'est …	*It's …*
ennuyeux	*boring*
intéressant	*interesting*
joli	*pretty*
(trop) bruyant	*(too) noisy*
(très) vivant	*(very) lively*

Mon quartier — *My area*

Il y a trop de pollution.	*There's too much pollution.*
Il y a beaucoup de circulation.	*There's a lot of traffic.*
Il n'y a pas de transports publics.	*There's not any public transport.*
Il n'y a pas assez de bus/ d'espaces verts.	*There are not enough buses/green spaces.*
C'est trop bruyant/calme.	*It's too noisy/quiet.*
C'est trop loin …	*It's too far …*
de mes amis	*from my friends*
du centre-ville	*from the town centre*
du collège	*from school*
de la gare	*from the station*
des commerces (m)	*from the shops*
C'est trop près …	*It's too near …*
de l'autoroute (f)	*to the motorway*

Les genres de ville — *Types of town*

une ville commerçante	*a commercial town*
une ville historique	*a historic town*
une ville industrielle	*an industrial town*
une ville touristique	*a tourist town*
une station balnéaire	*a seaside resort*
un port de commerce	*a commercial port*
un port de pêche	*a fishing port*

En ville — *In town*

On peut …	*You can …*
aller à la piscine/ au cinéma	*go to the swimming pool/to the cinema*
jouer au tennis	*play tennis*
faire du shopping	*go shopping*
faire du ski/du parapente	*go skiing/paragliding*
faire du sport/du vélo	*do sport/go cycling*
faire de la natation	*go swimming*
faire de l'escalade/ de l'équitation	*go rock-climbing/ horse-riding*
visiter la cathédrale/ les sites touristiques	*visit the cathedral/ places of interest*
Je suis allé(e) à Annecy.	*I went to Annecy.*
J'ai visité le château.	*I visited the castle.*
J'ai nagé dans le lac.	*I swam in the lake.*
J'ai fait le tour de la ville.	*I did a tour of the town.*
J'ai joué au tennis.	*I played tennis.*

4 Allons-y!

C'est où? Finding the way
Asking where places are using *où est?* and *où sont?*

lire 1 **Reliez les mots et les images.**

Exemple: 1 e

> **1** la piscine   **2** les toilettes   **3** le stade
> **4** le parc   **5** la patinoire   **6** les magasins
> **7** le centre commercial   **8** l'église   **9** la bibliothèque
> **10** le musée   **11** l'hôpital   **12** la gare

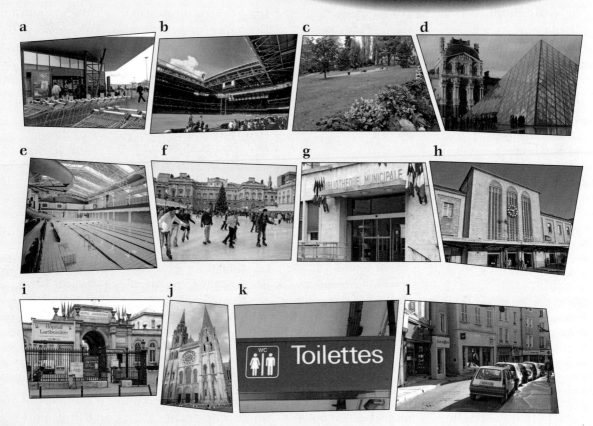

a   b   c   d

e   f   g   h

i   j   k   l

écouter 2 **Écoutez et mettez les images dans le bon ordre. (1–10)**

Exemple: c, ...

parler 3 **À deux. Testez votre partenaire! Une personne couvre les mots de l'exercice 1. L'autre pose des questions.**

In pairs. Test your partner! One person covers the words in Exercise 1. The other asks questions.

■ **h**, qu'est-ce que c'est?
● Le gare.
■ Oui, mais c'est **la** gare. **f**, qu'est-ce que c'est?

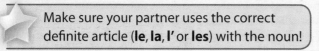

Make sure your partner uses the correct definite article (**le**, **la**, **l'** or **les**) with the noun!

Je ne sais pas. – I don't know.

4 **Écoutez les directions et regardez le plan. Ils vont où? (1–4)**
Listen to the directions and look at the map. Where are they going?

Exemple: 1 la gare

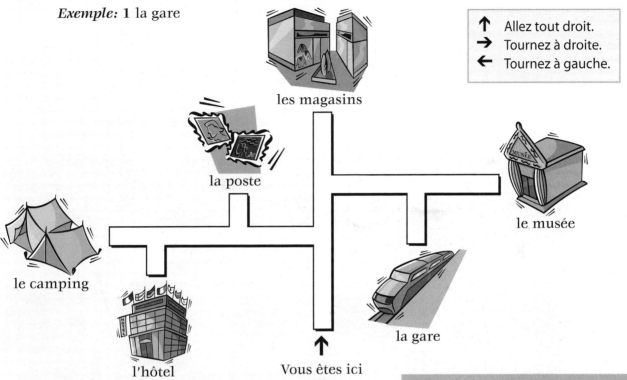

↑ Allez tout droit.
→ Tournez à droite.
← Tournez à gauche.

les magasins

la poste

le musée

 le camping

l'hôtel

la gare

Vous êtes ici

Expo-langue →→→→

Grammaire **191**

Où **est** …? = Where **is** …?   Où **sont** …? = Where **are** …?
Où est le centre commercial? = Where is the shopping centre?
Où sont les toilettes? = Where are the toilets?

When a word ends in **–t** in French, the **–t** is silent:
Allez tout droi**t**.

But if there is an **–e** after the **–t**, you pronounce the **–t**:
Tournez à droi**te**.

 5 **À deux. Faites un dialogue. Changez les détails en bleu.**

■ Pardon. Où **est la poste**, s'il vous plaît?
● **Allez tout droit, tournez à gauche, puis tournez à droite.**
■ Pouvez-vous répéter, s'il vous plaît?
● **Allez tout droit, tournez à gauche, puis tournez à droite.**
■ Merci beaucoup.
● De rien.

6 **Utilisez le plan de l'exercice 4 pour répondre aux questions. Écrivez les directions.**

Exemple: 1 Allez tout droit, tournez à droite, puis tournez encore à droite.

1 Où est la gare, s'il vous plaît?
2 Où est l'hôtel, s'il vous plaît?
3 Où est le camping, s'il vous plaît?
4 Où sont les magasins, s'il vous plaît?

tournez **encore** à droite – turn right **again**

Déjà vu 2

lire 1 **Regardez les listes d'achats et trouvez les cinq bonnes images pour chaque liste.**
Look at the shopping lists and find the five correct pictures for each list.

1
pommes de terre
bananes
confiture
poisson
beurre

2
tomates
pain
fromage
raisins
eau minérale

3
jus d'orange
œufs
poulet
salade
pommes

4
petits pois
jambon
fraises
chips
yaourt

Exemple: 1 l, ...

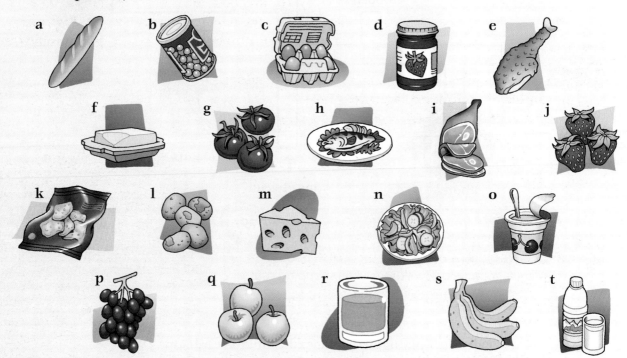

a   b   c   d   e

f   g   h   i   j

k   l   m   n   o

p   q   r   s   t

Déjà vu 2

écouter 2 **Écoutez. On parle de quelle liste? (1–4)**

Expo-langue

To say 'some' in French, you use **du**, **de la**, **de l'** or **des**.

masculine singular	feminine singular	in front of a vowel sound	plural
du fromage = some cheese	**de la** confiture = some jam	**de l'**eau minérale = some mineral water	**des** chips = some crisps

But after containers or quantities, you just use **de**:
un paquet **de** chips = a packet of crisps
un kilo **de** pommes = a kilo of apples

3 Qu'est-ce que vous voudriez acheter (a) pour un pique-nique et (b) pour le dîner? Écrivez deux phrases.

What would you like to buy (a) for a picnic and (b) for dinner? Write two sentences.

Pour un pique-nique je voudrais acheter du pain, des chips, ...
Pour le dîner ...

4 **Reliez les deux parties des phrases. Il y a plusieurs possibilités.**

Match the two parts of the phrases. There are several possibilities.

Exemple: 1 h

| une tranche – a slice |

1 un kilo de ...   a jambon
2 500 grammes de ...   b raisins
3 250 grammes de ...   c lait
4 un paquet de ...   d petits pois
5 quatre tranches de ... e fraises
6 une boîte de ...   f chips
7 une bouteille de ... g jus d'orange
8 un litre de ...   h pommes de terre

5 Écoutez. Qu'est-ce qu'on achète? C'est combien? Copiez et complétez la grille. (1–4)

	achat	quantité	prix
1	pommes	1 kilo	...... €
	......	......	
2			
3			
4			

6 À deux. Faites des dialogues. Utilisez les idées des cases A, B et C.

■ Bonjour, monsieur/mademoiselle. Je peux vous aider?
● Je voudrais **A** _____, s'il vous plaît.
■ Très bien, monsieur/mademoiselle. Et avec ça?
● Je prends **B** _____ aussi, s'il vous plaît.
■ Voilà, monsieur/mademoiselle. C'est tout?
● Oui, c'est tout, merci. C'est combien?
■ Ça coûte **C** _____, s'il vous plaît.
● Voilà. Merci.

A
2 kilos

et une

B
500 grammes

et cinq tranches

C

7,50€

1 Écoutez et trouvez la bonne image. (1–7)

Exemple: 1 c

a

À l'arrêt d'autobus

b

Dans le parc

c

Devant le cinéma

d

Derrière la boîte

e

En face de la gare routière

f

À côté du commissariat de police

g

Entre l'hôtel de ville et le syndicat d'initiative

2 Lisez le texte et répondez aux questions en anglais.

Liam

L'arrêt d'autobus est en face de l'appartement.
Descends du bus devant l'hôtel de ville.
Le centre commercial est dans la rue St Jacques.
Le cinéma est derrière la gare routière.
Les toilettes sont à côté du syndicat d'initiative.
On se retrouve à 17h, au café de la Coupole.
C'est entre la poste et le musée.
Sébastien

Expo-langue

You use prepositions to say where things are.
Some prepositions are single words (**dans**, **devant**, **derrière**, **entre**).
Others are followed by **du**, **de la**, **de l'** or **des**.
en face **du** cinéma = opposite the cinema
à côté **de la** piscine = next to the swimming pool

au, **à la**, **à l'** and **aux** mean 'at the'.
au stade = at the stadium
à l'arrêt d'autobus = at the bus stop

1 Where is the bus stop?
2 In front of which building should Liam get off the bus?
3 In which street is the shopping centre?
4 Which building is behind the bus station?
5 What is next to the tourist information office?
6 Where are Liam and Sébastien meeting?
7 Where is it?

parler **3** À deux. Posez des questions et répondez. Utilisez le texte de l'exercice 2.

- ■ Où est le cinéma, s'il vous plaît?
- ● Derrière la gare routière.

Où **est** …? – Where **is** …?
Où **sont** …? – Where **are** …?

écouter **4** Écoutez et notez les deux bonnes images pour chaque dialogue. (1–4)

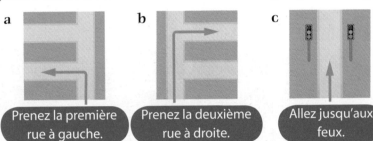

a   b   c

Prenez la première rue à gauche.

Prenez la deuxième rue à droite.

Allez jusqu'aux feux.

d   e   f

Allez jusqu'au carrefour.

Traversez le pont.

Traversez la place.

Expo-langue

You use the imperative to tell someone what to do: With people you address as **vous**, use the present tense **vous** form minus **vous**:
tournez   traversez   allez

The **tu** form is different:
tourne   traverse   va

écouter **5** Écoutez encore une fois. Est-ce que c'est loin (L) ou près (P)?

parler **6** À deux. Utilisez les images pour faire des dialogues.

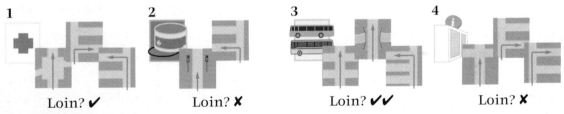

1   2   3   4

Loin? ✔   Loin? ✘   Loin? ✔✔   Loin? ✘

Exemple: 1

- ■ Pardon. Où est l'hôpital, s'il vous plaît?
- ● Traversez la place, puis prenez la première rue à droite et la deuxième rue à gauche.
- ■ C'est loin?
- ● Oui, c'est assez loin.
- ■ Merci.
- ● De rien.

C'est loin? – Is it far?
Oui, c'est (assez/très) loin. – Yes, it's (quite/very) far.
Non, ce n'est pas loin. – No, it's not far.
Non, c'est tout près. – No, it's very near.

écrire **7** Écrivez des directions pour un visiteur. Utilisez les images de l'exercice 6.

Exemple:

1 L'hôpital: Traversez la place, puis prenez la première rue à droite et la deuxième rue à gauche. C'est assez loin.

lire **1** Regardez l'image. Trouvez le bon mot pour chaque numéro.

une baguette

de la bière

des champignons

du cidre

des framboises

des haricots verts

de l'huile d'olive

de la moutarde

du pâté

des pâtes

du riz

des saucisses

du saucisson

> To work out the meaning of new words:
> - look for near-cognates of English words (e.g. **cidre**, **riz**)
> - look for parts of words you know (e.g. **haricots *verts***)
> - be careful with words which are similar (e.g. **pâté/pâtes**; **saucisses/saucisson**).

écouter **2** Écoutez et vérifiez.

écouter **3** Écoutez. Qu'est-ce qu'il faut acheter pour la fête sur la plage?
Écrivez les bons numéros.

Exemple: 2, …

Expo-langue →→→→

Grammaire 197

You use **il faut** to say that you need something …
Il faut **de la bière**. = We need **beer**.

… or that you need to do something:
Il faut **acheter** des pâtes. = We need **to buy** pasta.

parler **4** À deux. Imaginez que vous préparez une fête. Qu'est-ce qu'il faut acheter?

- Qu'est-ce qu'il faut acheter pour la fête?
- Il faut acheter du pâté.
- Il faut aussi acheter …

écouter **5** Écoutez et lisez le texte. Puis reliez les magasins et les images.

Exemple: 1 c

En France, il y a beaucoup de magasins spécialisés. Pour acheter de la viande (par exemple, du poulet, du bœuf ou du bifteck), il faut aller à la boucherie. Mais pour acheter du porc, du jambon, des saucisses et du saucisson, il faut aller à la charcuterie. Pour acheter du pain, il faut aller à la boulangerie. Pour des gâteaux, il faut aller à la pâtisserie. Et pour des bonbons et du chocolat, il faut aller à la confiserie. Puis, pour acheter du café, du sucre, de la confiture, etc., il faut aller à l'épicerie. Pour les médicaments (par exemple, de l'aspirine), il faut aller à la pharmacie. Et pour des fruits et des légumes, comme des pêches, des poires, des carottes et des choux-fleurs, il faut aller au marché. Mais, bien sûr, si on veut acheter tout ça en même temps, il faut aller au supermarché!

en même temps – at the same time

1 **boulangerie** 2 **boucherie** 3 **charcuterie** 4 **confiserie** 5 *épicerie*

6 **marché** 7 **pâtisserie** 8 *pharmacie* 9 **supermarché**

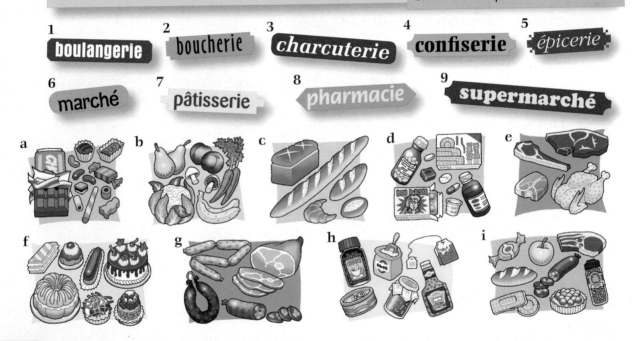

lire **6** Relisez le texte. Trouvez le français.

1 meat 2 beef 3 steak 4 pork 5 sweets 6 sugar
7 aspirin 8 peaches 9 pears 10 cauliflower

écrire **7** Imaginez qu'il n'y a pas de supermarché! Où faut-il aller pour acheter ces choses? Écrivez des phrases.
Imagine that there's no supermarket! Where do you have to go to buy these things? Write sentences.

Exemple: Pour acheter un chou-fleur, il faut aller au marché.

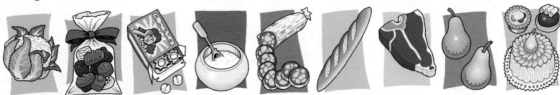

1 Écoutez et regardez les images. Qui parle? (1–6)

Exemple: **1** David

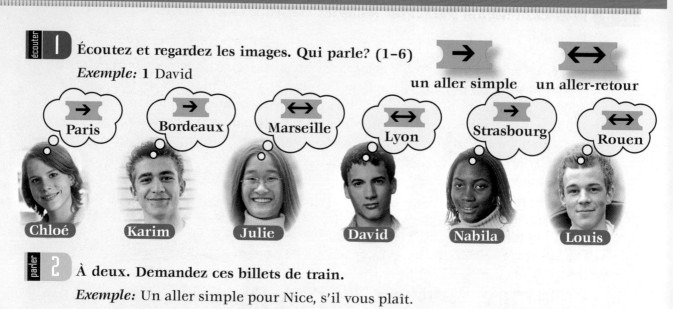

un aller simple   un aller-retour

Paris   Bordeaux   Marseille   Lyon   Strasbourg   Rouen

Chloé   Karim   Julie   David   Nabila   Louis

2 À deux. Demandez ces billets de train.

Exemple: Un aller simple pour Nice, s'il vous plaît.

Nice   Paris   Calais   Toulouse

3 Lisez et complétez le dialogue.

Exemple: **1** aller-retour

- ■ Bonjour, monsieur/mademoiselle. Je peux vous aider?
- ● Un (**1**) _____ pour <u>Bordeaux</u>, s'il vous plaît.
- ■ Première ou deuxième classe?
- ● (**2**) _____ classe, s'il vous plaît. C'est combien?
- ■ (**3**) _____ euros cinquante, s'il vous plaît.
- ● Voilà.
- ■ (**4**) _____, monsieur/mademoiselle. Au revoir.

Quinze
train
Merci
aller-retour
c'est
Deuxième

4 Écoutez et vérifiez.

5 À deux. Changez les détails soulignés dans le dialogue de l'exercice 3. Utilisez ces détails:

Paris
2ème classe
8,20€

Strasbourg
1ère classe
13€

lire 6 Reliez la question à la bonne réponse.

1 Le prochain train pour Lyon part à quelle heure?
2 Il arrive à quelle heure?
3 Est-ce qu'il faut changer?
4 Le train part de quel quai?

a Non, c'est un train direct.
b Un aller-retour, s'il vous plaît.
c Il arrive à 20h15.
d Du quai numéro 5.
e Deuxième classe.
f Il part à 18h30.

Expo-langue

Travel times are always given in the 24-hour clock. The hours from midnight to midday are numbered 0–12. The hours from 1 p.m. to 11 p.m. are numbered 13–23.

13h45 = 1.45 p.m.   18h30 = 6.30 p.m.   20h15 = 8.15 p.m.

écouter 7 Écoutez. Copiez et complétez la grille. (1–3)

	Départ	Arrivée	Changer? ✔ ✗	Quai numéro
1	11h10	13h	✗	
2	12h15		✔	
3		21h10		1

parler 8 À deux. Complétez le dialogue.

■ Je peux vous aider, mademoiselle/monsieur?
● Le _____ Paris part _____ heure, s'il vous plaît?
■ À 16 heures, mademoiselle/monsieur.
● _____ arrive _____?
■ Il arrive à 17 heures 30.
● _____ changer?
■ Oui, il faut changer à Rouen.
● _____ quai?
■ Du quai numéro 2, mademoiselle/monsieur.
● Merci. Au revoir.

parler 9 À deux. Faites un autre dialogue en utilisant les détails sur la page web. Adaptez le dialogue de l'exercice 8.

	Trains	Billets	Hôtels	Voitures	
Destination	**Départ**	**Arrivée**			**Quai**
Calais	15h00	16h30	(changer à Rouen)		3
Rouen	17h20	19h00	(direct)		4

écouter **1** Comment ont-ils fêté leur anniversaire? Écoutez et trouvez la bonne image. (1–8)
How did they celebrate their birthdays? Listen and find the right picture.

Exemple: 1 b

a

On a mangé du gâteau d'anniversaire.

b

J'ai reçu beaucoup de cartes et de cadeaux.

c

On a bavardé.

d

J'ai ouvert mes cadeaux.

e

Je suis allé(e) dans un parc d'attractions.

f

J'ai fait une fête.

g

Je suis allé(e) au cinéma avec mes copains/copines.

h

On a dansé jusqu'à minuit.

Lire et écouter

écouter **2** Écoutez et choisissez la bonne réponse: a, b ou c. (1–4)

Birthday celebrations

1 Farid celebrated his birthday by _____ .
   (a) going to the cinema.
   (b) having a party.
   (c) going to a theme park.

2 For her birthday, Laure's grandparents gave her _____ .
   (a) money.
   (b) computer games.
   (c) trainers.

3 Nicolas ate birthday cake _____ .
   (a) at his friend's house.
   (b) at a party.
   (c) in a restaurant.

4 On her birthday, Anna went _____ .
   (a) to the cinema.
   (b) shopping.
   (c) dancing in a club.

Expo-langue → → → ⟨194⟩ ⟨196⟩

You use the perfect tense to talk about what you did.

- Most verbs use part of **avoir** (e.g. **j'ai**) + a past participle (e.g. **dansé**, **mangé**).
- Some verbs have irregular past participles (e.g. **faire → fait**).
- A few verbs use part of **être** (e.g. **je suis**) instead of **avoir** (e.g. **je suis allé(e)**).

Beware of 'distractors' – things mentioned in the recording and answer options, but which are not correct.

- Read the question carefully, e.g. in number 2, it doesn't ask you what Laure *bought*, it asks you what her grandparents *gave* her.
- Listen to the whole recording before answering, e.g. in number 1, **cinéma**, **fêté** and **parc d'attractions** are all mentioned, but what does Farid actually say he did?
- Listen out for negatives like **non** and **ne ... pas**. They will tell you what someone *didn't* do and help you eliminate wrong answers.

lire 3 Qui parle?

Pour mon anniversaire, j'ai fait une grande fête. J'ai invité tous mes copains et tout le monde a dansé jusqu'à minuit.
Nicolas

Le jour de mon anniversaire, on est allés au cinéma. On a vu une nouvelle comédie avec mon acteur préféré.
Marine

À Noël, j'ai reçu beaucoup de cadeaux. Par exemple, on m'a offert un tee-shirt, deux CD et un jeu d'ordinateur.
Romain

En février, on est allés à la montagne. Il y avait beaucoup de neige, donc on a fait des sports d'hiver tous les jours.
Blanche

Je suis allé dans un parc d'attractions avec mes amis pour fêter mon anniversaire.
Vincent

Who ...

1 got lots of presents at Christmas?
2 went on a ski trip in February?
3 saw a film on his/her birthday?
4 went to a theme park with his/her friends?
5 had a birthday party?

- In a task like this, the statements often contain more than one clue to help you identify the correct sentence.
- You will see that the word 'birthday' appears in questions 3 and 5: be careful and look for other key words in order to identify the correct answer.

lire 4 Lisez le texte et trouvez les quatre phrases qui sont vraies.

une bûche de Noël

du foie gras

Noël, c'est ma fête préférée et l'année dernière, je suis allée avec mes parents chez ma grand-mère. Elle habite à Chamonix, à la montagne, donc il y a beaucoup de neige en hiver! On a passé une semaine là-bas.

La veille de Noël (c'est-à-dire le 24 décembre), on a ouvert les cadeaux. J'ai reçu des baskets super de la part de mes parents! Puis le jour de Noël, on a fait un grand repas traditionnel: on a mangé du foie gras, de la dinde et comme dessert, une bûche de Noël. C'était délicieux!

Le 31 décembre, on a fait une grande fête et tout le monde a dansé jusqu'à dix heures du soir, puis on a regardé le feu d'artifice.

Le jour de l'An (c'est-à-dire le premier janvier), on a fait du ski. J'adore ça!
Léa

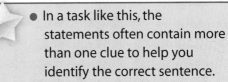
de la dinde

le feu d'artifice

a Léa lives in Chamonix.
b She spent Christmas at her grandmother's.
c Léa spent two weeks there.
d Léa's grandmother gave her trainers.
e They had a traditional meal.
f On New Year's Eve, they danced until midnight.
g Afterwards, they watched fireworks.
h They went skiing on New Year's Day.

Look for small differences between the text and the statements.
- Look carefully at things like numbers, times and dates.
- Read each sentence carefully: Who lives where? Who gave what to whom? When did they do what?

1 Écoutez et regardez les images. On mentionne les vêtements dans quel ordre?

Exemple: Gabriel: b, c, …

　　　　　Lola: …

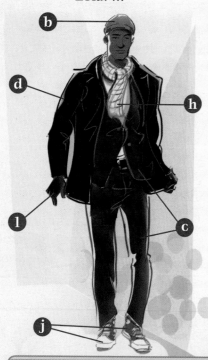
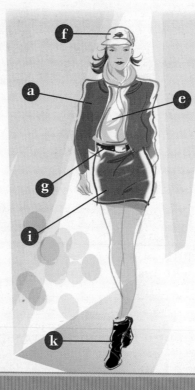

a	un blouson
b	un bonnet
c	un costume
d	un manteau
e	un sweat à capuche
f	une casquette
g	une ceinture
h	une écharpe
i	une mini-jupe
j	des baskets
k	des bottes
l	des gants

Some words are 'false friends'. What do **un bonnet** and **un costume** mean in English?

Expo-langue →→→→

Grammaire **192**

Colour adjectives go *after* the noun. Most colours change their ending according to whether the noun they describe is masculine or feminine, singular or plural.

un blouson (masculine singular)	**une** casquette (feminine singular)	**des** gants (masculine plural)	**des** baskets (feminine plural)
bleu/noir/vert	bleu**e**/noir**e**/vert**e**	bleu**s**/noir**s**/vert**s**	bleu**es**/noir**es**/vert**es**
rouge/jaune/rose	rouge/jaune/rose	rouge**s**/jaune**s**/rose**s**	rouge**s**/jaune**s**/rose**s**
gris	gris**e**	gris	gris**es**
blanc	blan**che**	blanc**s**	blan**ches**

Marron does not change its ending: une casquette **marron**, des gants **marron**.

2 À deux. Jeu de mémoire.

Partner A covers the words in the box beside Exercise 1. Partner B points to the clothes in the picture and Partner A must say them in French, with the colour.

Exemple: ■ une mini-jupe rouge … un manteau noir …

The endings on colour adjectives are usually silent. But you <u>do</u> pronounce the final consonant in **verte**, **gri<u>s</u>e** and **blan<u>ch</u>e**. The feminine plural endings (**vertes**, **grises**, **blanches**) sound the same as the singular.

3 On achète des vêtements. Écoutez et complétez la grille en anglais. (1–5)

	what they want	colour	size
1	bomber jacket		
2			

quelle taille? – what size?	trop grand/petit – too big/small
quelle pointure? – what size? (shoes)	trop long/court – too long/short
taille trente-cinq – size 35	trop cher – too expensive
en petit/moyen/grand – small/medium/large	

4 Écoutez la deuxième partie des dialogues. Notez les problèmes en anglais. (1–5)

5 Lisez les textes et répondez aux questions.

La mode est-elle importante pour toi?

Liane

J'aime lire des magazines de mode. J'adore les grandes marques comme Ralph Lauren. Mais je n'achète pas de vêtements de marque parce que ça coûte trop cher.

Clément

La mode est très importante pour moi. Samedi dernier, j'ai acheté un jean Diesel dans les soldes. Et maintenant, j'économise mon argent de poche pour acheter une paire de baskets Nike!

Natascha

À mon avis, la mode est complètement ridicule! Je n'achète pas un vêtement parce qu'il est à la mode. Je préfère porter des vêtements confortables.

1 Who isn't interested in fashion?
2 Who is saving up to buy something fashionable?
3 Who can't afford designer clothes?
4 Who recently bought designer clothing in a sale?
5 Who likes reading about fashion?
6 Who thinks comfort is important in clothes?

6 Imaginez que vous êtes une célébrité très riche. Écrivez une liste de vêtements à acheter, pour votre *personal shopper*!

● Explain what clothes you would like.
● Specify the colour, size and designer label you want.
● Say what occasion the clothes are for. Use your imagination!

Exemple: Je voudrais un costume noir pour la fête d'Angelina Jolie. Comme marque, je préfère Armani. Je voudrais des baskets blanches Nike aussi, pointure 40. Pour la soirée des Oscars, je voudrais …

Controlled assessment interaction

Task

Your French friend is staying with you. He wants to buy some clothes in England before returning home. You see the advertisement on the right and discuss plans to visit the sale at the Fashion Emporium. Your friend wants details about the sale.

- Use the advertisement to help answer your friend's questions.
- Ask your friend at least one question.

Your teacher will play the part of your friend and will begin the interaction.

SALE

Fashion Emporium

Latest fashions for 14–25s

All prices reduced by 50%

Sale ends Saturday

Opening hours: 10.00 a.m. till 8.00 p.m.

1 You will hear a model conversation between Jason and his French friend about going to the Fashion Emporium. Listen to the first part of the conversation and match up the parts of the sentences.

1 Qu'est-ce qu'on va faire ...
2 Tu veux aller en ville ...
3 Il y a des soldes ...
4 On peut y acheter ...
5 L'année dernière, ...
6 Le magasin ouvre à dix heures du matin ...
7 Quand veux-tu ...
8 Je voudrais acheter ...

a ... et ferme à huit heures du soir.
b ... chez Fashion Emporium en ce moment.
c ... un nouveau jean et un sweat.
d ... cet après-midi?
e ... j'ai acheté un pantalon très chic.
f ... y aller?
g ... pour acheter des vêtements?
h ... des vêtements de mode pour les jeunes de 14 ans à 25 ans.

2 Listen again and unjumble these questions that Jason's friend asks about Fashion Emporium.

1 cet Qu'est-ce qu'on après-midi faire va?
2 vend vêtements magasin sorte Le de quelle?
3 magasin ferme ouvre heure et à Le quelle?
4 aller y vendredi peut tu On veux si?

3 Listen to the second part of Jason's conversation and fill in the gaps.

■ Moi, je voudrais un tee-shirt et un pull. La mode, est-ce que c'est important pour toi?
● J'(1) _____ la mode, mais (2) _____, c'est important de (3) _____ ton propre style.
■ Est-ce que tu achètes des vêtements de marque?
● Quelquefois, (4) _____ des tee-shirts et (5) _____ baskets de marque, mais je n'ai (6) _____ d'argent.
■ Qu'est-ce que tu as acheté récemment comme vêtements?
● Le week-end (7) _____, j'ai (8) _____ un pantalon noir et un pull gris. Samedi soir, je suis (9) _____ à une fête avec ma copine et j'ai porté mes (10) _____ vêtements.

à mon avis · acheté · aime · allé · dernier · des · j'achète · nouveaux · pas beaucoup · trouver

4 Now listen to the final part of Jason's conversation and answer the questions.

1 Jason is asked what he intends to buy this afternoon. He says, 'I would like to find ...' How does he say this in French?

2 Jason describes the sorts of clothes he likes to wear. How many adjectives does he use? Listen for colours and other describing words.

3 He ends the conversation with this phrase: *Quand j'étais plus jeune, je portais toujours un jogging gris. C'était horrible!* What does this mean in English?

5 Now it's your turn! Prepare your answers to the task, then have a conversation with your teacher or partner.

● Use ResultsPlus and the work you have done in Exercises 1–4 to help you.

● Make your answers as full as possible and take the initiative by asking some questions yourself.

● Record the conversation. Ask a partner to listen to it and say how well you performed.

Award each other one star, two stars or three stars for each of these categories:
● pronunciation
● confidence and fluency
● range of tenses
● variety of vocabulary and expressions
● using longer sentences
● taking the initiative.

What do you need to do next time to improve your performance?

 Results**Plus**

 Be sure to get the basics right!
◆ Use these **simple phrases** correctly: *il y a* (there is/there are), *j'achète* (I buy), *je porte* (I wear).
◆ Learn all the **words connected with clothing** that you will need and try to learn the gender (masculine or feminine). Note these two examples which are plural in English but singular in French: *un pantalon* (trousers), *un jean* (jeans).

 To achieve a Grade C, you should use:
◆ the **main tenses** correctly. Jason uses the **present tense** to talk about the type of clothes he wears (*D'habitude, je porte un jean bleu*) and the **perfect tense** to describe what clothes he has purchased recently (*L'année dernière, j'ai acheté un pantalon*), and to say where he went (*Je suis allé …*)
◆ the **correct form of address** in the interaction. This is an informal situation; you know the person you are talking to. Remember to use *tu* (not *vous*) with the correct verb ending: *Tu veux …?* (Do you want …?)
◆ a **range of adjectives** to describe clothing: *chic* (smart), *démodé* (old-fashioned). Use the feminine forms of adjectives if necessary, e.g. *beau* becomes *belle*: *une belle chemise* (a nice shirt)
◆ **expressions with an infinitive** like *on peut* (you can): *On peut acheter …* (You can buy …).

 To increase your marks:
◆ try to **take the initiative** in the conversation. Notice how Jason asks some questions, too (*Qu'est-ce que tu veux acheter? Quand veux-tu y aller?*)
◆ talk about **other people apart from yourself** to show that you can use verbs correctly in different forms.

Épate l'examinateur!
◆ Use a time phrase beginning with *quand* as Jason does: *Quand je sors le soir …* (When I go out in the evening …).

Controlled assessment practice

Ma famille est démodée!

Gagnez un changement de look pour votre famille!
Vous voulez changer le look de votre famille? Pourquoi? Écrivez-nous!

J'aime beaucoup la mode et j'adore les grandes marques. Le week-end dernier, j'ai acheté un tee-shirt Ralph Lauren dans les soldes. Mais normalement, ça coûte trop cher pour moi. D'habitude, le week-end, je porte un jean avec un sweat à capuche et des baskets. Mes couleurs préférées sont le bleu clair et le rose.

Ma famille n'est pas très à la mode! En été, mon père porte une chemise hawaïenne, un short horrible, des sandales et des chaussettes blanches. C'est affreux! Et en hiver, il porte un vieux pull marron. Pour mon père je voudrais acheter un costume bleu foncé, une chemise blanche et une cravate rouge.

Ma mère est jolie, mais elle porte une jupe trop courte et un haut trop petit. C'est ridicule! Elle devrait porter une belle robe Dior ou Versace. Comme couleurs, elle préfère le vert et le jaune.

Finalement, je voudrais acheter un tee-shirt multicolore et un jean orange pour mon frère parce qu'il s'habille

toujours en noir! À mon avis, c'est ennuyeux et il devrait changer son look.

Ma famille, c'est un désastre et j'espère qu'on va gagner votre concours!

Julie

une chemise hawaïenne – Hawaiian shirt des chaussettes (f) – socks une cravate – tie j'espère qu'on va gagner votre concours – I hope we win your competition

1 Find the French equivalent of these phrases in the text and copy them out.

1 light blue and pink
2 isn't very fashionable
3 for my father, I'd like to buy ...
4 a dark-blue suit
5 she wears a skirt that's too short
6 a top that's too small
7 she should wear a beautiful dress
8 he always dresses in black
9 he should change his look
10 my family's a disaster

2 How many adjectives that are *not* colour adjectives can you find in the text? Copy them out with their meanings. Remember, adjectives are describing words.

3 Choose the correct person: Julie, her mum, her dad or her brother.

Who ...
1 wears socks and sandals?
2 always wears black?
3 prefers green and yellow?
4 wears jeans and trainers?
5 wears short skirts?
6 would like to buy a bright T-shirt and orange jeans?
7 wears an old brown jumper?
8 would like to buy designer clothes?

4 You might be asked to write about fashion, or describe what you and others wear, as a controlled assessment task. Use ResultsPlus to help you prepare.

Results**Plus**

 Make sure you cover the basics.
- Use **simple structures** correctly, e.g. Julie uses: *j'aime* (I like), *j'adore* (I love), *je porte* (I wear).
- Give a simple **opinion**. You can do this by using *c'est* + adjective (it's + adjective). Julie uses *c'est affreux* (it's terrible), *c'est ridicule* (it's ridiculous) and *c'est ennuyeux* (it's boring).
- Use simple **connectives** to make longer sentences, e.g. *et* (and), *mais* (but), *ou* (or).

 To achieve a Grade C, use a range of **adjectives** and **different tenses** correctly.
- Julie uses colours and other **adjectives** – e.g. *vieux* (old), *court* (short), *petit* (small), *belle* (beautiful) – to describe what she and her family wear. (See page 192 for help.)
- Julie writes mainly in the **present tense** to describe what she and others wear. But she shows that she can use the **perfect tense**, too, by saying what she bought in the sales.
- Also try to include *je voudrais* + an infinitive (e.g. *acheter*), to say what you would like to do.

 To increase your marks:
- use *il/elle devrait* + an infinitive, to say what someone should/ought to do. Find two examples in Julie's text.
- use simple **adverbs**, like *normalement* (normally), *d'habitude* (usually), *finalement* (finally).

Épate l'examinateur!

- To really impress your examiner, use the expression *comme couleurs, (elle) préfère (le bleu et le rouge)* (the colours (she) prefers are (blue and red)). Note: *le bleu/rouge*, etc.

5 Now write a competition entry to win a fashion makeover for you and your family.
- Adapt Julie's text and use language from Unit 5.
- Look at the blue box. Start by writing about yourself. Make this your opening paragraph.
- Then write a paragraph about each member of your family.

Introduction

Say what you think of fashion.
Describe the sort of clothes you wear most of the time/when you go out.
What was the last item of clothing you bought?

Main paragraphs

Describe how the members of your family dress.
What do you think of what they wear?
Say how you would like to change their look.

Conclusion

Say why you want to win this competition.

Check what you have written carefully. Check:
- adjective endings and position
- spelling, especially words that are similar to English (*couleur, bleu, week-end*)
- accents: don't confuse grave accents (*frère, très*) with acute accents (*préféré*); don't forget cedillas (*ça*) and circumflexes (*coûte*)
- tense formation, especially verb endings (*j'achète, j'ai acheté, je voudrais acheter*).

Directions 1 / Directions 1

Où est ... ?	Where is ... ?	Où sont ... ?	Where are ... ?
le centre commercial	shopping centre	les toilettes (f)	toilets
le camping	campsite	les magasins (m)	shops
la bibliothèque	library	tournez à droite	turn right
la poste	post office	tournez à gauche	turn left
l'hôpital (m)	hospital	tournez encore	turn again
l'hôtel (m)	hotel	allez tout droit	go straight on

La liste des achats 1 / Shopping list 1

du beurre	butter	de l'eau (f) minérale	mineral water
du fromage	cheese	des bananes (f)	bananas
du jambon	ham	des chips (f)	crisps
du jus d'orange	orange juice	des fraises (f)	strawberries
du pain	bread	des œufs (m)	eggs
du poisson	fish	des petits pois (m)	peas
du poulet	chicken	des pommes de terre (f)	potatoes
du yaourt	yogurt	des pommes (f)	apples
de la confiture	jam	des raisins (m)	grapes
de la salade	salad	des tomates (f)	tomatoes

Faire des achats / Going shopping

Je voudrais ...	I'd like ...	une boîte	a tin
un kilo	a kilo	une bouteille	a bottle
cinq cents grammes	500 grams (half a kilo)	deux tranches	two slices
deux cent cinquante grammes	250 grams	un litre	a litre
		C'est combien?	How much is it?
un paquet	a packet	C'est tout.	That's everything.

Les endroits / Locations

à l'arrêt de bus	at the bus stop	à côté du commissariat de police	beside the police station
dans le parc	in the park		
devant le cinéma	in front of the cinema	entre l'hôtel de ville et le syndicat d'initiative	between the town hall and the tourist office
derrière la boîte	behind the night-club		
en face de la gare routière	opposite the bus station		

Directions 2 / Directions 2

prenez ...	take ...	jusqu'aux feux	to/as far as the lights
la première rue à droite	the first road on the right	traversez ...	cross ...
		le pont	the bridge
la deuxième rue à gauche	the second road on the left	la place	the square
		C'est loin?	Is it far?
allez ...	go ...	Oui, c'est (assez/très) loin.	Yes, it's (quite/very) far.
jusqu'au carrefour	to/as far as the crossroads	Non, ce n'est pas loin.	No, it's not very far.
		Non, c'est tout près.	No, it's very near.

La liste des achats 2 / Shopping list 2

Il faut ...	We need ...	du cidre	cider
Il faut acheter ...	We need to buy ...	du pâté	pâté

du riz	*rice*	des champignons (m)	*mushrooms*
du saucisson	*salami-style sausage*	des framboises (f)	*raspberries*
du sucre	*sugar*	des haricots (m) verts	*green beans*
de la bière	*beer*	des gâteaux (m)	*cakes*
de la moutarde	*mustard*	des pâtes (f)	*pasta*
de la viande	*meat*	des poires (f)	*pears*
de l'aspirine (f)	*aspirin*	des saucisses (f)	*sausages*
de l'huile (f) d'olive	*olive oil*	un chou-fleur	*a cauliflower*
des bonbons (m)	*sweets*	une baguette	*a baguette*

Les magasins — *Shops*

la boucherie	*butcher's shop*	la charcuterie	*pork butcher's/ delicatessen*
le marché	*market*		
le supermarché	*supermarket*	la confiserie	*sweetshop*
la boulangerie	*baker's shop*	la pâtisserie	*cake shop*
		l'épicerie (f)	*grocer's shop*

Bon voyage! — *Have a good*

un aller-retour	*return ticket*	Il arrive à quelle heure?	*When does it arrive?*
un aller simple	*single ticket*	Est-ce qu'il faut changer?	*Do you have to change?*
première classe	*first class*		
deuxième classe	*second class*	Le train part de quel quai?	*Which platform does the train leave from?*
le prochain train	*the next train*		
Il part à quelle heure?	*When does it leave?*		

Les fêtes — *Special occasions*

Mon anniversaire, c'est le (3 mai).	*My birthday's on the (3 May).*	On a dansé.	*We danced.*
J'ai fait une fête.	*I had a party.*	On a mangé du gâteau d'anniversaire.	*We ate birthday cake.*
J'ai reçu beaucoup de cartes.	*I received lots of cards.*	Je suis allé(e) …	*I went …*
J'ai ouvert mes cadeaux.	*I opened my presents.*	au cinéma/dans un parc d'attractions	*to the cinema/to a theme park*
On a bavardé.	*We chatted.*		

Les vêtements — *Clothes*

Je voudrais …	*I'd like …*	une mini-jupe	*a mini-skirt*
un blouson	*a bomber jacket*	des bottes (f)	*boots*
un bonnet	*a (beanie) hat*	des baskets (f)	*trainers*
un costume	*a suit*	des gants (m)	*gloves*
un manteau	*a coat*	C'est trop …	*It's too …*
un sweat à capuche	*a hoodie*	grand/petit	*big/small*
une casquette	*a (baseball) cap*	court/long	*short/long*
une ceinture	*a belt*	cher	*expensive*
une écharpe	*a scarf*		

Les couleurs — *Colours*

rouge	*red*	vert(e)	*green*	marron	*brown*
jaune	*yellow*	gris(e)	*grey*	clair/foncé	*light/dark*
bleu(e)	*blue*	blanc(he)	*white*		
noir(e)	*black*	rose	*pink*		

L'emploi du temps — Talking about school subjects
Telling the time

lire 1 **Trouvez le bon symbole pour chaque matière.**
Find the right symbol for each subject.

1 l'allemand
2 l'anglais
3 le dessin
4 l'espagnol
5 le français
6 la géographie
7 l'histoire
8 l'informatique
9 les maths
10 la musique
11 les sciences
12 le sport (l'EPS)
13 la technologie

écouter 2 **Que font-ils aujourd'hui? Écoutez et mettez les images de l'exercice 1 dans le bon ordre. (1–2)**
What subjects do they have today? Put the pictures from exercise 1 in the right order.

Exemple: 1 l, f, …

lire 3 **Que fait Nathan aujourd'hui? Mettez les livres dans le bon ordre.**

Ce matin, j'ai un cours de maths suivi d'un cours d'anglais. Puis c'est la récré et après la récré, j'ai un cours de français et un cours de sciences. Ensuite, c'est la pause de midi. Je déjeune à la cantine. Cet après-midi, j'ai un cours de techno, un cours d'espagnol et finalement, un cours de sport.

suivi(e) de – followed by

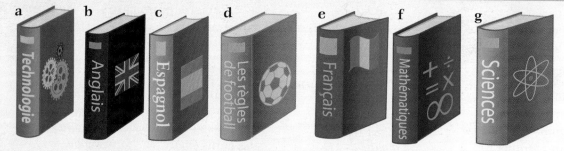

écrire 4 **Que faites-vous aujourd'hui? Utilisez ces expressions.**
What subjects do you have today? Include these expressions in your writing.

ce matin – this morning
suivi(e) de – followed by

cet après-midi – this afternoon
puis – then

après – after
ensuite – next

Déjà vu

5 Quelle heure est-il? Choisissez la bonne montre.
What time is it? Choose the right watch.

a   b   c d   e

Il est ...
1 huit heures moins le quart.
2 neuf heures et demie.
3 dix heures et quart.
4 midi moins dix.
5 deux heures vingt.

Expo-langue

Telling the time
huit **heures** = eight **o'clock**
huit heures **et quart** = **quarter past** eight
huit heures **et demie** = **half past** eight
neuf heures **moins le quart** = **quarter to** nine
midi = midday

The 24-hour clock
8h15   huit heures quinze
13h40   treize heures quarante
14h50   quatorze heures cinquante

6 À deux. Quelle heure est-il? Posez et répondez aux questions.
In pairs. What time is it? Ask and answer questions.

Exemple: 1 ■ Quelle heure est-il?
  ● Il est neuf heures et quart.

1  2  3  4  5

6  7  8  9  10

7 Écoutez. Quand est-ce qu'ils font du sport? (1–5)
When do they have PE?

Exemple: 1 le mercredi à 11h10 et ...

8 Préparez une présentation: *Mon emploi du temps.*
Prepare a presentation: My timetable.

Le lundi matin, j'ai un cours de ... à ... et puis ...
Ensuite, c'est la récré ... et puis j'ai un cours de ...
L'après-midi, je fais ...

1 Quelles sont leurs matières préférées? Écoutez et notez les lettres. (1–5)

Exemple: 1 b

a   b   c   d   e

> Remember to use **le, la, l'** or **les** in front of school subjects.

2 Regardez les images. Qui parle?

1   2   3   4   5

6   7   8   9   10

> Ma matière préférée, c'est le sport parce que le prof est sympa. Je n'aime pas le français parce que c'est ennuyeux.
> *Natacha*

> Je préfère les maths parce que c'est intéressant, mais je déteste la musique parce que je ne sais pas chanter.
> *Philémon*

> J'aime la techno parce que c'est très utile. Je n'aime pas l'histoire parce qu'on a trop de devoirs.
> *Léonore*

> J'aime l'informatique parce que c'est intéressant, mais je n'aime pas les maths parce que c'est trop difficile.
> *Élise*

> J'aime le dessin parce que je suis fort en dessin, mais je n'aime pas les sciences parce que je suis faible en sciences.
> *Martin*

3 Écoutez. Comment trouvent-ils les matières et pourquoi? Copiez et complétez la grille. (1–3)

✔	bien
–	pas mal / bof
✗	nul

a C'est intéressant.
b C'est ennuyeux.
c C'est facile.
d C'est trop difficile.
e C'est très utile.

f On a trop de devoirs.
g Le prof est trop sévère.
h Le prof est sympa.
i Je suis fort(e).
j Je suis faible.

	maths	sport	anglais	sciences
1	–	f		
2				
3				

4 Faites la liste de vos matières et donnez votre opinion.

Exemple: Je n'aime pas les maths parce que c'est trop difficile.

Use intensifiers when expressing your opinions.
assez – quite   **trop** – too
très – very   **un peu** –a bit

Expo-langue

Verbs which convey opinion
adorer → j'adore
aimer → j'aime
          je n'aime pas
détester → je déteste
préférer → je préfère

5 À deux. Posez et répondez aux questions.

■ Aimes-tu les maths / l'anglais / le français / la musique / le sport, etc.?
● Oui, j'aime … / Non, je n'aime pas …
■ Pourquoi?
● Parce que c'est … / le prof est … / on a … / je suis …

6 C'est quel prof? Reliez les textes et les images.

1 Mme Amblard est prof de sciences. Elle est petite et très sévère. Elle nous donne trop de devoirs. *a*
2 Mme Récamier est prof d'anglais. Elle n'est pas très sympa. Elle parle trop vite et elle s'impatiente si on ne comprend pas. *d*
3 M. Thomazeau est prof d'informatique. Ses cours sont toujours intéressants. *c*
4 M. Vialliet est prof de maths. Ses cours sont ennuyeux. Il n'est pas très sympa. *b*

a

b

c

d

 7 Votre corres vous a écrit. Écrivez-lui une réponse.

Ma matière préférée, c'est … parce que …
J'aime aussi … parce que …
Je n'aime pas … parce que …
Mon prof de … est …

Qu'est-ce que tu aimes comme matières et qu'est-ce que tu n'aimes pas et pourquoi? Et tes profs?

2 Ma journée Talking about your daily routine
Using reflexive verbs to say what you do

1 Une journée scolaire. Lisez les textes et trouvez la bonne réponse.

> Le matin, je me réveille à six heures, puis je me lève, je me douche et je m'habille. Ensuite, je prends mon petit déj', je finis mes devoirs et je sors de la maison à sept heures et quart pour prendre le car de ramassage.
> *Damien*

> Mon père me réveille à six heures et demie et je me lève à sept heures. Ensuite, je me douche, je m'habille, je mange un bol de céréales et papa m'amène au collège à huit heures moins vingt. Je suis toujours pressée le matin.
> *Mélinda*

> Mon réveil sonne à sept heures moins le quart et je me lève à sept heures. Puis je me lave, je m'habille et je prends mon petit déj avant de partir à huit heures moins dix. Je vais au collège à pied.
> *Ambre*

> Je me lève à sept heures, je me précipite dans la salle de bains, je me lave la figure, je saisis une tartine et sors en courant pour prendre le bus. Je suis toujours en retard le matin!
> *Félix*

1 Mélinda se lève à (*7h/6h30*).
2 Félix mange (*des céréales/du pain*).
3 Damien sort à (*6h45/7h15*).
4 Mélinda (*se lève/se couche*) à 7h.
5 Félix va au collège (*en bus/en vélo*).
6 Ambre habite (*près du/loin du*) collège.

> Je suis pressé(e) – I'm in a hurry
> une tartine – a slice of bread and butter with (e.g.) jam
> en retard – late

2 À deux. Que faites-vous le matin?

Exemple: Je me réveille à sept heures moins le quart ... et ... puis ...
Ensuite ...

Expo-langue →→→→ 188

Reflexive verbs always have a reflexive pronoun before the verb.

se lever – to get up
je **me** lève = I get up (lit: I get myself up)
tu **te** lèves = you get up
il/elle **se** lève = he/she gets up

More reflexive verbs:
se coucher = to go to bed
s'habiller = to get dressed
se laver = to get washed
se précipiter = to rush

3 Écoutez. Ils se lèvent et se couchent à quelle heure? Copiez et complétez la grille. (1–5)

	se lève		se couche	
	journée scolaire	week-end	journée scolaire	week-end
1	6h30			
2				

4 Comment vont-ils au collège? Trouvez la bonne image.

a  b   c  d  e

1 Le collège est à deux minutes de chez moi. J'y vais à pied.

2 Le collège est près du bureau de mon père. Il m'amène au collège en voiture.

3 J'habite en banlieue et le collège est en ville. J'y vais en bus.

4 C'est loin de chez moi. J'y vais en car.

5 Je n'aime pas prendre le bus. Je vais au collège en vélo, sauf quand il pleut!

sauf – except

5 À deux. Posez et répondez aux questions.

- ■ Tu te lèves à quelle heure pour aller au collège?
- ■ Et le week-end?
- ■ Et tu te couches à quelle heure en semaine?
- ■ Et le week-end?
- ■ Comment vas-tu au collège?

6 Une journée scolaire. Écrivez une réponse à Arthur.

Cher corres,

D'habitude, je me réveille à six heures et demie. Puis je me lève, je me douche et je mets mon jean et mon sweat. Ensuite, je prends mon petit déj et je sors de la maison à sept heures et demie. Je vais au collège en vélo.

Je rentre à seize heures trente, je fais mes devoirs et je me couche à neuf heures et demie. Et toi, que fais-tu? Décris-moi ta journée!

Arthur

Use Arthur's letter as a model and try to include **et**, **puis** and **ensuite**.

If you know what a listening passage is going to be about, you can try to predict what will be said. You should also look at the questions before listening to the recording. This conversation is about schools in England and France.

● What are they likely to talk about?
● Which words are they likely to use when comparing things to say something is **more ...** or **less ...**?

Lire et écouter

écouter 1

Quelles différences y a-t-il entre le collège en Angleterre et le collège en France? Écoutez et choisissez: a, b ou c.

1 Jean-Paul spent _____ at the English school.
   (a) one week   (b) two weeks   (c) a term
2 He found the English school _____.
   (a) boring   (b) interesting   (c) OK
3 The English school was _____.
   (a) smaller   (b) bigger   (c) about the same size
4 The French school begins at _____.
   (a) 7:55   (b) 8:00   (c) 8:05
5 Maths is _____ in England.
   (a) easier than   (b) more difficult than   (c) about the same as
6 His English partner is doing a course in _____.
   (a) sport   (b) music   (c) Spanish

écouter 2

Écoutez encore une fois et écrivez *plus* ou *moins* dans les blancs.

En Angleterre ...
1 le collège est _____ grand.
2 les cours commencent _____ tôt.
3 la journée est _____ longue.
4 les vacances sont _____ longues.
5 il y a un _____ grand choix de matières.

Expo-langue

Comparing two things

plus = more	C'est plus grand. = It's bigger.
moins = less	C'est moins grand. = It's smaller.
mieux = better	C'est mieux. = It's better.
pire = worse	C'est pire. = It's worse.
aussi (grand) que = as (big) as	

écouter 3

Porter un uniforme, pour ou contre? Qui est pour (P) et qui est contre (C)? (1–6)

● Listen to the voices. How much can you tell from the tone of voice?
● Listen for the 'opinion' words/phrases: *à mon avis/selon moi/je trouve que/je pense que*
● Listen for the positive words and expressions to indicate a favourable opinion: *C'est super/cool/bien/une bonne idée/génial.*
● Listen for the disparaging words to indicate a negative opinion: *Beurk, c'est stupide/moche/ridicule.*

4 Lisez et trouvez les expressions négatives.

Depuis un an j'habite en Angleterre et je fréquente un collège anglais. Ce n'est pas facile parce que les profs parlent trop vite pour moi. Souvent je ne comprends pas les autres élèves parce qu'ils ont un fort accent!

Le collège est moins grand que mon ancien collège en France. Il y a seulement 800 élèves. En France, il y avait 1200 élèves. Ici, il y a au maximum 30 élèves dans chaque classe. Je trouve ça mieux.

Heureusement, les maths, c'est plus facile ici parce que j'ai déjà beaucoup étudié en France l'année dernière. En plus, il y a un plus grand choix de matières. On peut faire de la musique pop ou du théâtre en cours facultatif. Je n'ai jamais fait de théâtre au collège en France et ici je ne fais plus de physique!

En France, les cours commencent à huit heures. Ici, les cours commencent à neuf heures, il ne faut pas se lever aussi tôt qu'en France. Super! Les cours sont moins longs et les journées aussi et il n'y a jamais de cours le samedi.

Damien

Watch out for negatives – it's easy to miss them. If you don't notice them, you will think the sentence means the exact opposite!

Recognising negative expressions

- **ne/n'** usually comes before the verb and tells you that there is going to be a negative statement.
- Sometimes the **ne** is omitted, especially in answer to a question.
    - Pas aujourd'hui. – Not today.
    - Jamais de la vie! – Never in my life!
    - rien de bon – nothing good
- ne ... pas – not
  ne ... plus – no longer / not any more
  ne ... jamais – never
  ne ... rien – nothing

5 Lisez encore une fois et trouvez les quatre phrases correctes.

1 Damien has been living in England for three years.
2 He finds the other pupils hard to understand.
3 His French school was bigger than the English one.
4 There are fewer pupils in his class in the English school.
5 He finds the Maths hard.
6 He used to do Drama in France.
7 He has to do Physics.
8 The lessons are shorter in England.

1 Écoutez et lisez.

Il faut ...

1 être à l'heure

2 apporter son matériel

3 bien se tenir en classe

4 faire ses devoirs

5 apprendre ses leçons

6 cacher ses tatouages

✗ Il est interdit de/d'...

7 porter des bijoux et du maquillage

8 utiliser son portable en classe

9 faire l'imbécile en classe

10 mâcher du chewing-gum/ bubble-gum

11 dire des gros mots

12 fumer

Si vous ne respectez pas les règles du collège, vous pouvez recevoir:
- une retenue (une colle)
- une convocation pour vos parents
- un avertissement

un avertissement – warning
une convocation – meeting
une retenue – detention

2 Écoutez. Ils ont transgressé quelle règle? (1–6)

3 À deux. Il faut ou il ne faut pas?

Exemple: **1** Il ne faut pas porter de bijoux.

1 2 3 4

5 6 7 8

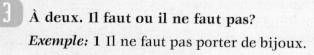

Expo-langue →→→→ *Grammaire* 197

Il faut + infinitive means 'You have to/must'.
Il faut éteindre son portable. = You have to switch off your mobile.

Il est interdit de + infinitive means 'It is forbidden to'.
Il est interdit de fumer. = Smoking is forbidden.
You can also say **Il ne faut pas ...** (You mustn't ...).
Il ne faut pas fumer. = You mustn't smoke.

4 Faites une liste de dix règles pour votre collège.

Il faut ...   Il est interdit de ...

5 Choisissez les quatres phrases correctes.

> *Les contrôles sont imminents et je suis stressé.*
> *Je révise mais j'oublie toujours ce que j'apprends.*
> *Mes parents ne peuvent pas m'aider. Qu'est-*
> *ce que je peux faire? Mes copains ont le même*
> *problème. Je ne veux pas redoubler.*
>
> *Toby*
>
> Pour éviter le stress il faut ...
> - bien organiser votre travail
> - réviser régulièrement
> - manger sainement
> - faire de l'exercice
> - se coucher de bonne heure
>
> *Nicolas*

1 Toby is seeking advice.
2 He is worried about his exams.
3 His exams are in the distant future.
4 He has trouble remembering what he has learned.
5 His friends don't understand his situation.
6 He wants to repeat the year.
7 His parents can't help him.
8 He is advised to avoid exercise.

6 Écrivez des conseils à Toby.

Il faut ...   Il ne faut pas ...

7 Écoutez. De quoi parlent-ils? (1–4)

a Eating   c Sleeping   e Revising regularly
b Relaxing   d Exercising   f Organising your work

8 À deux. Que faites-vous pour bien apprendre?

- Mangez-vous sainement?
  - Je mange ...
  - Je mange trop de ...
  - Je ne mange pas assez de ...
- Organisez-vous bien votre travail?
  - Oui. D'habitude, je révise régulièrement.
  - Non. Je révise au dernier moment.
- Faites-vous de l'exercice?
  - D'habitude, je fais de l'exercice deux fois par semaine.
  - Oui. Je fais .../Je joue ...
- Vous vous couchez de bonne heure?
  - Oui. D'habitude, je me couche à/vers ...
  - Non. Je ne me couche pas tôt.

écouter **1** Qu'est-ce qu'ils vont faire? (1–6)

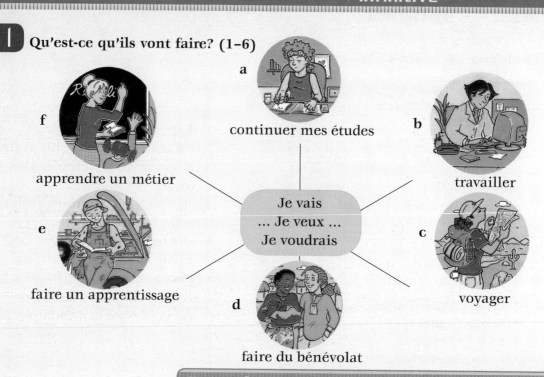

a continuer mes études

f apprendre un métier

b travailler

e faire un apprentissage

**Je vais
... Je veux ...
Je voudrais**

c voyager

d faire du bénévolat

Expo-langue

To talk about your plans, you can use **je vais**, **je veux** or **je voudrais** + an infinitive:
Je vais quitter le collège. = I'm going to leave school.
Je veux faire un apprentissage. = I want to do an apprenticeship.
Je voudrais aller à l'étranger. = I'd like to go abroad.

lire **2** Reliez les phrases.

1 Je voudrais aider les gens malades.
2 Je voudrais être cultivateur et travailler en plein air.
3 Je voudrais travailler avec les mains. Je suis manuel.
4 J'aime travailler en équipe.
5 Je veux travailler avec les petits enfants.
6 J'aime travailler avec mes mains et les machines.

a Je veux être réceptionniste dans un hôtel.
b Je veux être menuisier.
c Je veux être garagiste.
d Je veux travailler dans une école maternelle.
e Je veux travailler dans un hôpital.
f Je veux être vigneron et faire du vin.

en équipe – in a team

écouter **3** Écoutez. Que disent-ils? Copiez et complétez les phrases.

1 Je voudrais _____ en Afrique.
2 Je veux _____ pour devenir mécanicien.
3 Je vais _____ dans l'informatique.
4 Je voudrais _____, par exemple menuisier.
5 Je veux _____.
6 Je voudrais _____ au lycée.

4 Lisez le texte et répondez aux questions.

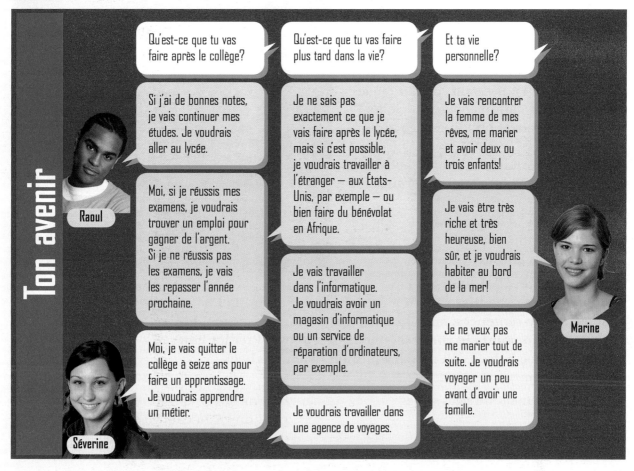

Ton avenir

Qu'est-ce que tu vas faire après le collège?

Qu'est-ce que tu vas faire plus tard dans la vie?

Et ta vie personnelle?

Raoul

Si j'ai de bonnes notes, je vais continuer mes études. Je voudrais aller au lycée.

Moi, si je réussis mes examens, je voudrais trouver un emploi pour gagner de l'argent. Si je ne réussis pas les examens, je vais les repasser l'année prochaine.

Séverine

Moi, je vais quitter le collège à seize ans pour faire un apprentissage. Je voudrais apprendre un métier.

Je ne sais pas exactement ce que je vais faire après le lycée, mais si c'est possible, je voudrais travailler à l'étranger – aux États-Unis, par exemple – ou bien faire du bénévolat en Afrique.

Je vais travailler dans l'informatique. Je voudrais avoir un magasin d'informatique ou un service de réparation d'ordinateurs, par exemple.

Je voudrais travailler dans une agence de voyages.

Je vais rencontrer la femme de mes rêves, me marier et avoir deux ou trois enfants!

Je vais être très riche et très heureuse, bien sûr, et je voudrais habiter au bord de la mer!

Marine

Je ne veux pas me marier tout de suite. Je voudrais voyager un peu avant d'avoir une famille.

Qui veut …

1 apprendre un métier?   3 faire du bénévolat?   5 avoir beaucoup d'argent?

2 continuer ses études?   4 avoir des enfants?   6 voyager?

5 Préparez une présentation: *Parler de l'avenir.*

Je vais …
Je veux …
Je voudrais …

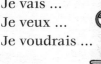   

6 Votre corres pose la question: «Quels sont tes projets d'avenir?» Écrivez une réponse. Utilisez les phrases des exercices 1–4. Mentionnez votre vie personnelle.

Your penfriend asks you about your plans for the future. Write a reply. Use phrases from Exercises 1–4. Mention your personal life.

L'année prochaine, je vais …
Je voudrais travailler …
Je veux être …
Je vais continuer …
Plus tard, je veux … Je voudrais …

Controlled assessment interaction

Task

You are visiting a school in France. The French teacher asks you to talk about your school to the French students. Speak about your school and compare it with the school in France. You could include:

● basic information about your school (name, types of buildings, age group of students)
● the most striking difference between your school and schools in France
● differences in the school day
● differences in what is worn to school
● any other differences
● your plans for next year.

1 **You will hear the first part of a model conversation. Below are some of the sentences, split in half, which Kevin uses to address the first two points in the assessment task above. Predict how the sentence halves will match up, then listen to check.**

1 Notre collège s'appelle ...
2 Normalement on peut rester ...
3 C'est un ...
4 En Angleterre, ...
5 Il y a à peu près ...

a ... collège mixte.
b ... mille cinq cents élèves.
c ... on va au collège en septième.
d ... Newtown High School.
e ... au collège jusqu'à dix-huit ans.

2 **Listen again and note down the French words and phrases that Kevin uses to say the following.**

1 normally
2 until / up to
3 approximately
4 here
5 on the other hand
6 there are
7 only
8 less formal

3 **Listen to the second part of Kevin's conversation and fill in the gaps.**

■ **(1)** _____, c'est normal de porter un uniforme. Chaque collège a un uniforme différent. Nous portons un pantalon **(2)** _____, une chemise blanche, un sweat bleu et une veste **(3)** _____. À mon avis, **(4)** _____ c'est qu'on sait toujours quoi mettre, mais **(5)** _____ c'est que je déteste l'uniforme. Je préfère porter un jean et un sweat.

● Quelles différences y a-t-il dans la journée scolaire?

■ **(6)** _____, chez nous les cours commencent **(7)** _____ neuf heures, pas à huit heures! Et ils finissent à quatre heures. Nous n'avons **(8)** _____ cours le samedi. Ici la journée est plus longue, mais **(9)** _____ les vacances sont beaucoup **(10)** _____ longues! Je préfère ça!

à
Chez nous
D'abord
en revanche
gris
pas
l'avantage
l'inconvénient
noire
plus

4 Now listen to the final part of Kevin's conversation and answer the questions.

1 What after-school clubs are there in Kevin's school?
2 What instrument did he play last year, and what is he hoping to learn next year?
3 Which sports club does he go to, and when does it take place?
4 What subjects is Kevin hoping to do next year?
5 What job does he hope to do?

5 Now it's your turn! Prepare your answers to the task and then have a conversation with your teacher or partner.

● Use ResultsPlus and your answers to Exercises 1–4 to help you.

● Adapt what Kevin said to talk about your own school.
● Base your talk on the questions, but don't be limited by them if you have something more interesting to say.
● Record the conversation. Ask a partner to listen to it and say how well you performed.

Award each other one star, two stars or three stars for each of these categories:
● pronunciation
● confidence and fluency
● range of tenses
● variety of vocabulary and expressions
● using longer sentences
● taking the initiative.

What do you need to do next time to improve your performance?

ResultsPlus

Get the basics right!
◆ Be sure of **basic expressions** like *il y a* … (there is/there are …) and *nous avons* … (we have …).
◆ Learn the **basic vocabulary connected with school**: school subjects, items of clothing for uniform, the words for teachers and pupils, etc.

To achieve a Grade C, you will need to use:
◆ the main tenses correctly. Kevin uses the **perfect tense** to say what instrument he learned last year (*L'année dernière, j'ai joué de la batterie*) and the **near future** to talk about next year (*L'année prochaine, je vais apprendre à jouer de la guitare aussi*)
◆ **modal verbs with the infinitive**, e.g. *on peut* to say what you can do: *On peut rester au collège*
◆ **adjectives** to describe things. Make sure that these agree with the nouns: *un sweat bleu* (a blue sweatshirt), *une chemise blanche* (a white shirt)
◆ *parce que* to give reasons: … *parce que je voudrais être mécanicien.*

To increase your marks, use:
◆ the **comparative** (*plus* and *moins* + adjective) to make comparisons between the French and English school systems: *Notre collège est plus grand* (Our school is bigger), *C'est moins formel* (It's less formal)
◆ some different **negative statements**, not just *ne … pas*. Look at how Kevin uses *ne … jamais* to say he **never** has lessons on a Saturday.

Épate l'examinateur!

◆ Try to learn an impressive sentence to end your presentation. Kevin mentions his work experience and gives this as a reason for his career choice: *J'ai déjà fait un stage dans un garage en ville l'année dernière et j'ai trouvé le travail très intéressant.*

Le collège Louis Pasteur

Notre collège s'appelle le collège Louis Pasteur; il a été fondé en 1978 et a pris le nom de l'homme qui a découvert la pasteurisation. C'est un collège mixte. Il y a environ 1200 élèves, 60 professeurs et plusieurs surveillants qui sont responsables de la discipline.

Le bâtiment est tout neuf et l'équipement est neuf aussi. Il y a deux salles d'informatique et des ordinateurs dans les salles de technologie et de sciences, mais il n'y a pas de terrain de foot.

Les cours débutent à 8h et finissent à 17h30. D'habitude, un cours dure 55 minutes. À midi, je déjeune à la cantine. Le soir, il y a un club de devoirs où des surveillants ou des élèves de terminale vous aident avec les devoirs.

En France, on ne va pas au collège le mercredi, mais en revanche il y a des cours le samedi matin.

Chaque année, le collège organise des sorties pédagogiques, des stages sportifs et un échange scolaire. Notre collège est jumelé avec un collège de l'Île de la Réunion et un collège des États-Unis.

Cette année, je vais à Paris avec ma classe. On va visiter le musée du Louvre et la Cité des sciences et de l'industrie. L'année dernière, j'ai fait un stage de ski dans les Alpes. C'était vraiment super. L'année prochaine, je voudrais aller à la Réunion avec ma classe.

Matthieu

des élèves (m) de terminale – pupils in their last year
des sorties pédagogiques (f) – educational school trips

1 Find the French equivalent of these phrases in the text and copy them out.

1 It's a mixed school.
2 Lessons begin at …
3 usually
4 at midday
5 in the evening
6 on the other hand
7 every year
8 this year

2 Choose the correct answers: a, b or c.

1 The school has _____ teachers.
   (a) 1200   (b) 60   (c) a large number of
2 There are no _____ .
   (a) science laboratories   (b) ICT suites   (c) football fields
3 Lessons _____ .
   (a) are 55 minutes long   (b) start at 9.00   (c) end at midday
4 In France, there are no lessons on _____ .
   (a) Saturdays   (b) Tuesdays   (c) Wednesdays
5 The school has links with _____ abroad.
   (a) one school   (b) two schools   (c) three schools
6 Next year, Matthieu will be _____ with the school.
   (a) visiting Paris   (b) going skiing   (c) going to La Réunion

Controlled assessment practice

3 You might be asked to write an article or a brochure about your school as a controlled assessment task. Use ResultsPlus to help you prepare.

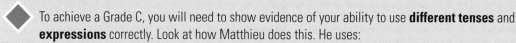
ResultsPlus

 Make sure you cover the basics in your written assessment. Show that you can:
- use basic **structures**: e.g. *Notre collège s'appelle …* (Our school is called …), *c'est* (it is)
- say three things that there are using **il y a …**, e.g. *Il y a environ 1200 élèves*
- say one thing that there isn't using **il n'y a pas de …**, e.g. *Il n'y a pas de terrain de foot*
- say something about the **building**: *il est neuf/vieux/grand/petit*.

 To achieve a Grade C, you will need to show evidence of your ability to use **different tenses** and **expressions** correctly. Look at how Matthieu does this. He uses:
- the **present tense** to talk about what his school is like: *Les cours débutent à 8h* (Lessons begin at 8 a.m.)
- the **perfect tense** to talk about last year: *L'année dernière, j'ai fait un stage de ski* (Last year I went on a skiing trip)
- the **near future** (*aller* + infinitive) to say what he is going to do later this year: *On va visiter le musée du Louvre* (We are going to visit the Louvre)
- these **time expressions**: *cette année* (this year), *l'année dernière* (last year) and *l'année prochaine* (next year).

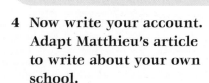

Épate l'examinateur!
- Use *en revanche* (on the other hand): *On ne va pas au collège le mercredi, mais **en revanche** il y a des cours le samedi matin.*

 To increase your marks:
- make sure you have the correct **–ent ending** on verbs after *ils* or *elles*: *ils jouent* (exceptions: *faire – font, aller – vont, être – sont, avoir – ont*).

4 Now write your account. Adapt Matthieu's article to write about your own school.
- If you have to look up words in a dictionary, make sure you choose the right translation! Look carefully at any examples given. Cross-check by looking the French word up in the French–English part of the dictionary.
- Structure your text carefully in paragraphs.

Introduction
Give the name of the school and say something about it.
Le collège s'appelle … C'est un collège …
Il y a … élèves.

Main section
Talk about the facilities.
Give details of the length of lessons and the school day.
Les cours débutent/finissent/durent …
Describe the uniform if you have one, including details of the colours.
Mention any special features, such as clubs, events or connections with schools abroad.

Conclusion
Talk about the past and the future, mentioning something that you did last year and something that you are going to do next year.

Check what you have written carefully. Check:
- spelling and accents
- plural endings: *les élèves, les garçons, les filles*
- verb endings, especially for the plural
- verb tenses: use the present tense to say what is happening and what **usually** happens.

Les matières — Subjects

le dessin	art/drawing	l'anglais (m)	English
le français	French	l'espagnol (m)	Spanish
le sport (l'EPS)	PE	l'histoire (f)	history
la géographie	geography	l'informatique (f)	IT
la musique	music	les maths (f)	maths
la technologie	technology	les sciences (f)	science
l'allemand (m)	German		

Ma journée scolaire — My school day

J'ai eu un cours de (français).	I had a (French) class.	ensuite	then
la récré(ation)	break	Quelle heure est-il?	What time is it?
le lundi matin	on Monday morning	Il est …	It's …
ce matin	this morning	trois heures et quart	quarter past three
suivi(e) de	followed by	quatre heures et demie	half past four
cet après-midi	this afternoon	cinq heures moins le quart	quarter to five
puis	then	midi	12 o'clock/midday
après	after		

Mon opinion — My opinion

Aimes-tu … ?	Do you like … ?	Je suis fort(e) en …	I'm good at …
j'adore	I love	Je suis faible en …	I'm not very good at …
j'aime (bien)	I like … (a lot)		
je n'aime pas	I don't like	On a trop de devoirs.	We have too much homework.
je préfère	I prefer		
je déteste	I hate	Le prof est (très sévère).	The teacher is (very strict).
c'est (très/trop) …	it's (very/too) …		
difficile	difficult	Ma matière préférée, c'est …	My favourite subject is …
ennuyeux	boring		
facile	easy		
intéressant	interesting		
utile	useful		

Ma journée — My day

je me réveille	I wake up	je sors	I leave
je me lève	I get up	je rentre	I come back
je me douche	I have a shower	à sept heures	at seven o'clock
je m'habille	I get dressed	Je vais au collège …	I go to school …
je me lave	I get washed	en bus	by bus
je me précipite	I rush	en car de ramassage	by school bus
je me couche	I go to bed	en/à vélo	by bike
je prends mon petit déjeuner	I have my breakfast	en voiture	by car
je finis mes devoirs	I finish my homework	à pied	on foot

Les différences — *Differences*

plus	*more*	C'est ...	*It's ...*
moins	*less*	super/cool/génial	*great*
mieux	*better*	bien	*OK*
pire	*worse*	une bonne idée	*a good idea*
C'est plus grand.	*It's bigger.*	stupide	*stupid*
C'est moins grand.	*It's smaller.*	moche	*awful*
C'est mieux.	*It's better.*	ridicule	*ridiculous*
C'est pire.	*It's worse.*	un gaspillage	*a waste*
aussi (grand) que	*as (big) as*	ne ... pas	*not*
à mon avis	*in my opinion*	ne ... plus	*no longer/not any more*
selon moi	*in my opinion*		
je trouve que ...	*I think that ...*	ne ... jamais	*never*
je pense que ...	*I think that ...*	ne ... rien	*nothing*

Les règles — *Rules*

Il faut ...	*You have to ...*	une retenue / une colle	*detention*
Il ne faut pas ...	*You mustn't ...*	être stressé(e)	*to be stressed*
Il est interdit de ...	*You're not allowed to ... / It is forbidden to ...*	J'oublie toujours ce que j'apprends.	*I always forget what I learn.*
un avertissement	*warning*	redoubler	*to retake a year at school*
une convocation	*meeting*		

Plus tard, ... — *In the future ...*

Je vais ...	*I'm going ...*	être garagiste	*to own a garage*
Je veux ...	*I want ...*	faire un apprentissage	*to do an apprenticeship*
Je voudrais ...	*I'd like ...*		
apprendre un métier	*to learn a profession*	faire du bénévolat	*to do voluntary work*
avoir des enfants	*to have children*	travailler	*to work*
avoir beaucoup d'argent	*to have lots of money*	voyager	*to travel*
avoir un magasin	*to have a shop*	l'année prochaine	*next year*
continuer mes études (f)	*to carry on studying*		

6 Il faut bosser!

L'argent, l'argent Discussing jobs and money
Talking about how often things happen

écouter **1** Qu'est-ce qu'ils font pour aider à la maison? Trouvez la bonne phrase pour chaque image. Puis écoutez pour vérifier. (1–8)

What do they do to help at home? Listen and find the right sentence for each picture.

1 Omar	2 Camille	3 Romain	4 Julie
5 Shazia	6 Mathilde	7 Gabriel	8 Lisa

Je fais la vaisselle.
Je garde mon petit frère.
Je lave la voiture.
Je passe l'aspirateur.
Je range ma chambre.
Je sors la poubelle.
Je vide le lave-vaisselle.
Je mets la table.

écouter **2** Écoutez encore une fois. On fait ça quand? Notez la bonne lettre. (1–8)

Exemple: 1 h

a tous les jours – every day

b tous les soirs – every evening

c tous les week-ends – every weekend

d tous les samedis matins – every Saturday morning

e tous les matins – every morning

f toutes les semaines – every week

g une fois par semaine – once a week

h de temps en temps – from time to time

parler **3** Faites un sondage sur les tâches ménagères. Demandez à au moins cinq personnes.

Do a survey on household chores. Ask at least five people.

	fais vaisselle	garde sœur/ frère	lave voiture	passe aspirateur	range chambre	sors poubelle	vide lave- vaisselle	mets table
1	✔				✔			
2								
3								
4								
5								

■ Qu'est-ce que tu fais pour aider à la maison?

● Je fais la vaisselle tous les matins et je range ma chambre une fois par semaine.

4 Lisez cet article sur l'argent de poche. Mettez les personnes dans l'ordre. Commencez par celle qui en reçoit le plus.

Read this article about pocket money. Put the people in order. Start with the one who gets the most.

Tu reçois combien d'argent de poche?

Je ne reçois pas d'argent de poche.
Natacha

Mon père me donne dix euros par semaine.
Benoît

Ma mère me donne quinze euros toutes les deux semaines.
Lucie

Mes parents me donnent trente-cinq euros par mois.
Thierry

Je reçois cinq euros par semaine comme argent de poche.
Alima

5 L'argent de poche. Écoutez. Copiez et complétez la grille en anglais. (1–5)

	amount of pocket money	buys ... (or saves)
1	5€ per week	f, ...
2		
3		

je reçois – I get
il/elle me donne – he/she gives me
ils me donnent – they give me
par mois – per month
par semaine – per week

a

b

c

d

des bonbons ou des chocolats

des magazines

des cadeaux

du maquillage

e

f

g

h

i

du matériel scolaire

des CD ou des DVD

des jeux de console

des baskets

Je fais des économies.

6 Regardez les images. Imaginez que vous êtes Sayed ou Chloé. Écrivez des phrases.

Pour aider à la maison, je mets la table tous les soirs et je ...
Je reçois ... comme agent de poche. Avec mon argent, j'achète ... et ...

Sayed
20€ par mois

Chloé
10€ par semaine

écouter **1** Écoutez. Trouvez la bonne image. (1–8)

Exemple: **1** d

a

Je fais du baby-sitting.

b

Mon petit boulot, c'est dans un supermarché.

c

Je livre des journaux.

d

J'ai un petit job dans un fast-food.

e

Je travaille dans une épicerie.

f

J'ai un petit boulot dans un salon de coiffure.

g

Je travaille dans un centre de loisirs.

h

J'ai un petit job dans une ferme.

lire **2** Lisez et répondez aux questions en anglais.

Who ...

1 starts at 4 p.m. and finishes at 6 p.m.?
2 earns 13,50€?
3 works every Saturday?
4 earns 5€ an hour?
5 works every weekend?
6 works from 9 a.m. until midday?
7 works seven hours a week?

Je travaille tous les samedis. Je gagne vingt euros.
Abdul

Je travaille sept heures par semaine. Je gagne cinq euros de l'heure.
Nathalie

Je travaille de neuf heures à midi. Je gagne treize euros cinquante.
Luc

Je travaille tous les week-ends. Je gagne quatre euros de l'heure.
Sophie

Je commence à seize heures et je finis à dix-huit heures. Je gagne douze euros.
Benjamin

écrire **3** Écrivez des phrases pour Marine, Hugo et Yasmina.

Exemple: **1** Marine: Je travaille cinq heures par semaine. Je gagne ...

1 Marine
5h. par s.
15€

2 Hugo

6€ de l'h.

3 Yasmina
t. l. mercredis
18€

écouter **4** Écoutez. Copiez et complétez la grille en français. (1–4)

	job	jours/horaire	salaire
1	supermarché	samedis 9h–13h	4€ de l'heure
2		vendredi 19h–22h30	
3			4,50€ de l'heure
4	livre des journaux		

It is often helpful to try to predict what you might hear. What words might you expect to hear for each of the gaps in the grid above?

écouter **5** Écoutez encore une fois. Notez les opinions. C'est positif (P), négatif (N) ou tous les deux (D)?

parler **6** À deux. Faites des dialogues en utilisant les détails ci-dessous.

■ As-tu un petit job?
● Oui, je travaille dans un salon de coiffure.
■ Tu travailles quand?
● Je travaille tous les … , de … à …
■ Tu gagnes combien?
● Je gagne … C'est …

A

Samedi 9h–12h
18€
☺ chouette

B

Dimanche 10h–14h30
4,50€ de l'heure
☹ nul

C

Tous les jours 6h30–7h30
14€ par semaine
☺ pas mal

écrire **7** Si vous avez un petit job, décrivez-le. Sinon, utilisez les détails de l'exercice 6. Écrivez un paragraphe.

If you have a part-time job, describe it. If not, use the details from Exercise 6.
Write a paragraph.

Exemple:

J'ai un petit job/boulot dans un café. Je travaille tous les samedis, de 14 heures à 17 heures 30. Pour ça, je gagne sept livres de l'heure. Ce n'est pas mal, mais c'est un peu ennuyeux.

livres (f) – pounds

lire 1 C'est quel métier? Reliez les mots et les images.

Exemple: 1 f

1 chef (*ou* cuisinier/cuisinière)

2 infirmier/infirmière

3 garçon de café (*ou* serveur)/serveuse

4 médecin

5 coiffeur/coiffeuse

6 agent de police

7 fermier/fermière (*ou* agriculteur/agricultrice)

8 chauffeur de poids lourd

9 boulanger/boulangère

10 facteur/factrice

11 caissier/caissière de supermarché

12 mécanicien/mécanicienne

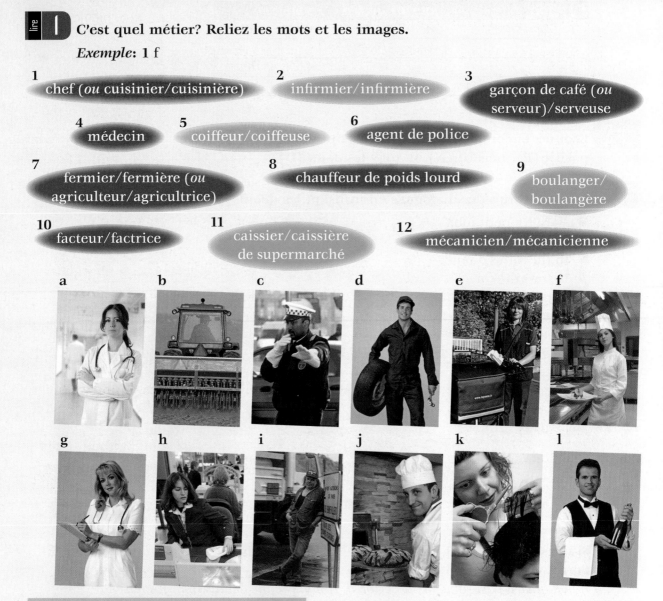

a b c d e f

g h i j k l

The different endings on the masculine and feminine versions of some jobs affect their pronunciation. What is the difference in sound between **–eur** (as in **coiffeur**) and **–euse** (as in **coiffeuse**)? What about between **–ier** (**fermier**) and **–ière** (**fermière**)?

You should be able to work out most of these words without using a dictionary. Look for:
- (near-)cognates: **mécanicien, fermier**
- words which remind you of other words you know: **boulanger/boulangerie, coiffeur/salon de coiffure**.

écouter 2 Écoutez. On parle de quel(s) métier(s)? Parfois, il y a deux métiers possibles. (1–8)
Which job(s) are they talking about? Sometimes there are two possible jobs.

Exemple: 1 coiffeuse

lire **3** Lisez les phrases et trouvez des métiers possibles pour chaque personne. Il y a plusieurs possibilités.

Exemple: Blanche: mécanicienne ou ...

les gens (m)
– people

> Je voudrais faire un métier manuel.
◆ **Blanche**

> Je voudrais travailler avec des animaux.
◆ **Mohammed**

> Je ne voudrais pas travailler dans un bureau.
◆ **Julie**

> Je voudrais travailler en équipe.
◆ **Sébastien**

> Je voudrais aider les gens malades.
◆ **Nabila**

> Je voudrais avoir beaucoup de contact avec les gens.
◆ **Élodie**

> Je voudrais gagner beaucoup d'argent.
◆ **Pauline**

> Je ne voudrais pas travailler le soir ou le week-end.
◆ **Ahmed**

Expo-langue

As well as using **je voudrais** with a noun (e.g. **Je voudrais un kilo de pommes**), you can use it with the infinitive of another verb to say what you would like or not like to do.
Je voudrais **gagner** beaucoup d'argent. = I'd like to earn lots of money.
Je ne voudrais pas **travailler** le week-end. = I wouldn't like to work weekends.

écouter **4** Quel est l'avantage et l'inconvénient de chaque métier? Écoutez et notez les deux bonnes lettres. (1–6)

Exemple: 1 j, ...

1 caissière de supermarché   2 chauffeur de poids lourd

3 médecin   4 coiffeur   5 factrice   6 agent de police

a C'est bien payé.	**g** On voyage beaucoup.
b C'est fatigant.	**h** On doit travailler le samedi.
c C'est intéressant et varié.	**i** On travaille en plein air.
d C'est monotone.	**j** On a beaucoup de contact avec les gens.
e C'est créatif.	**k** Les horaires sont longs.
f C'est stressant.	**l** Ce n'est pas bien payé.

parler **5** Vidéoconférence. Préparez vos réponses à ces questions.

● Quel métier voudrais-tu faire? Pourquoi?
● Quel métier ne voudrais-tu pas faire? Pourquoi?

Exemple: Je voudrais travailler comme fermier/fermière parce que j'aime les animaux et on travaille en plein air.
Je ne voudrais pas travailler comme serveur/serveuse parce que ce n'est pas très bien payé et on doit travailler le soir ou le week-end.

écrire **6** Choisissez deux ou trois métiers et expliquez pourquoi vous voudriez / ne voudriez pas faire ces métiers. Écrivez un paragraphe.

3 C'est de la part de qui? Making telephone calls
Using polite language

lire 1 Lisez les phrases utilisées pour parler au téléphone. Reliez le français et l'anglais.

Exemple: 1 e

1 C'est de la part de qui?
2 Peut-il me rappeler demain, s'il vous plaît?
3 Il n'est pas là en ce moment.
4 Quel est votre numéro de téléphone?
5 Ça s'écrit comment, s'il vous plaît?
6 Je voudrais parler à Monsieur Lepage, s'il vous plaît.
7 Vous voulez laisser un message?
8 Allô. Ici Cécile Moreau.

a How do you spell that, please?

b Do you want to leave a message?

c I'd like to speak to Mr Lepage, please.

d Can he call me back tomorrow, please?

e Who's calling?

f Hello, Cécile Moreau speaking.

g He's not here at the moment.

h What's your telephone number?

écouter 2 Écoutez. Vous entendez les phrases de l'exercice 1 dans quel ordre?
Listen. In what order do you hear the sentences from Exercise 1?

Exemple: 8, ...

Expo-langue

When you are talking to an adult you don't know very well, you should use the polite words for 'you' (**vous**) and 'your' (**votre**). French people also use the words **monsieur/madame/mademoiselle** to be polite.

écouter 3 Écoutez encore une fois. Vous entendez combien d'exemples de *vous*, *votre*, *monsieur* ou *madame*?
*Listen again. How many examples of **vous**, **votre**, **monsieur** or **madame** do you hear?*

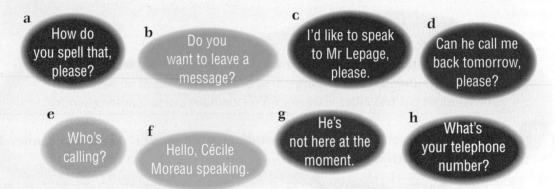

Here is a rough guide to pronouncing the letters of the alphabet in French:

A AH	F EFF	K KAH	O OH	S ESS	W DOOBL-VAY
B BAY	G DJAY	L ELL	P PAY	T TAY	X EEX
C SAY	H ASH	M EM	Q COO	U OO	Y EE-GREK
D DAY	I EE	N EN	R ERR	V VAY	Z ZED
E EUH	J DJEE				

4 À deux. Complétez la conversation. Utilisez les phrases de l'exercice 1.

■ Allô. _____ Pascal(e) Dubois.
● Je _____ Madame Renault, _____.
■ _____ pas là _____. _____ part de qui?
● Je m'appelle _____.
■ _____ numéro de téléphone?
● _____
■ _____ message?
● _____ rappeler demain, _____?
■ Bien sûr, monsieur/mademoiselle. Merci. _____ revoir.

> In French, telephone numbers are normally given as groups of numbers,
> e.g. 020 8759 3146 would be given as:
>
> | le 0 | 20 | 87 | 59 | 31 | 46 |
> |---|---|---|---|---|---|
> | le zéro | vingt | quatre-vingt-sept | cinquante-neuf | trente et un | quarante-six. |

5 Lisez l'annonce et notez les lettres des mots qui manquent.

Exemple: 1 j

Animateurs en club de vacances (Guadeloupe)
À temps partiel (après-midi ou matin) ou à temps complet. Goût pour le sport essentiel. Langue étrangère appréciée (anglais ou espagnol).

a natation **b** Monsieur **c** anglais **d** travaille **e** vacances **f** faire **g** magasin **h** football **i** parle **j** Madame

Manchester,
le 23 janvier

(1) _____/Monsieur

J'ai vu votre annonce dans le journal et je voudrais poser ma candidature pour le poste d'animateur en club de (2) _____ (à temps complet) en Guadeloupe.

J'ai déjà travaillé dans un centre de loisirs. J'aime (3) _____ du sport. Je fais de la (4) _____ et je joue au (5) _____ et au tennis. Je suis britannique, donc je parle (6) _____, et je (7) _____ bien français aussi.

Veuillez trouver ci-joint mon CV.

Je vous prie d'agréer, Madame ou (8) _____, l'expression de mes salutations sincères.

Shane Cassidy

6 Choisissez une des annonces. Écrivez une lettre pour poser votre candidature. Adaptez la lettre de l'exercice 5.

Choose one of the adverts. Write a letter applying for the job. Adapt the letter from Exercise 5.

Madame/Monsieur,
J'ai vu votre annonce dans le journal et je voudrais poser ma candidature pour le poste de …

Opérateurs d'attractions
Disneyland© Resort Paris
Goût pour le sport et langue étrangère appréciée

Hôtel Mirabeau, Nice, recherche:
• Chef qualifié(e) (temps complet)
• Serveurs/euses (temps partiel)

1 Écoutez et lisez. Qui parle? (1–6)

Exemple: 1 Ryan

Mon stage en entreprise

> J'ai fait mon stage dans un bureau.

Lydie

> J'ai fait mon stage dans un salon de coiffure.

Yann

> J'ai passé dix jours dans une école maternelle.

Shazia

> J'ai fait mon stage dans un garage Citroën.

Ryan

> J'ai passé deux semaines dans une banque.

Amélie

> J'ai fait mon stage dans un cabinet de vétérinaire.

Hakim

2 Trouvez la bonne image pour chaque personne de l'exercice 1.

a   b   c   d   e  f

Expo-langue →→→→

194

To say where you did your work experience, or how long you spent there, you use the perfect tense:

J'**ai fait** mon stage en entreprise dans un bureau. = I did my work experience in an office.

J'**ai passé** deux semaines dans un garage Renault. = I spent two weeks in a Renault garage.

3 Regardez les images et écrivez des phrases.

Exemples: 1 J'ai fait mon stage en entreprise dans un magasin de vêtements.
2 J'ai passé ...

un centre de loisirs

un hôtel

un magasin de vêtements

une agence de voyages

une ferme

lire **4** Lisez les phrases et devinez qui parle (de l'exercice 1).

1 Je devais jouer avec les enfants.

2 Je devais aider les mécaniciens.

3 Je devais travailler sur ordinateur et compter l'argent.

4 Je devais préparer le café pour les clients et les coiffeuses et je devais passer l'aspirateur.

5 Je devais répondre au téléphone et noter les rendez-vous pour les animaux.

6 Je devais faire des photocopies et classer des fiches.

Expo-langue

To say what you had to do, you use the imperfect tense of **devoir** + an infinitive:

Je **devais** **classer** des fiches / **aider** les mécaniciens / **noter** les rendez-vous.
I had to do the filing / help the mechanics / make appointments.

écouter **5** Écoutez et vérifiez. Notez l'opinion aussi. C'était positif (P), négatif (N) ou tous les deux (D)? (1–6)

parler **6** À deux. Faites des dialogues en utilisant les détails en anglais. Inventez les opinions.

Exemple: A
■ Où as-tu fait ton stage en entreprise?
● J'ai fait mon stage en entreprise dans un salon de coiffure.
■ Qu'est-ce que tu devais faire?
● Je devais aider les coiffeuses et passer l'aspirateur.
■ C'était comment?
● C'était chouette.

Use the language you know to adapt the phrases from Exercise 4, e.g. Make coffee for the **customers**. → Make coffee for the **mechanics**.

A Hairdresser's
Help hairdressers
Do vacuuming

B Office
Answer phone
Do photocopying

C Vet's
Do filing
Make appointments

D Renault garage
Help mechanics
Make coffee for mechanics

C'était chouette / génial / intéressant / ennuyeux / nul.
– It was great / fantastic / interesting / boring / awful.
Ce n'était pas mal. – It wasn't bad.

Task

You have seen an advert on the Internet for a summer job in France and decide to phone the company for details.

● Use the advert to ask for details about the job and reply to questions you are asked.

● Explain why you are interested in this job.

● You will need to ask questions to find out about the working hours and the type of work you will have to do. You should also ask what the salary is.

Your teacher will play the part of the person you speak to and will start the interaction.

CLUB DE VACANCES LES SABLES D'OR
CÔTE D'AZUR

Cherche
Animateurs/Animatrices d'activités pour enfants
(Début juin jusqu'à fin août)
Langues étrangères appréciées
Hébergement et repas gratuits
Téléphoner au 00 33 (0) 4 92 33 12 18

Controlled assessment interaction

1 Make a list in French of the questions you will need to ask to do the task.

2 Liam is taking part in the above interview with his teacher. Listen to the first part of their interview and match the questions and answers.

1 Quelles sont les heures de travail, s'il vous plaît?

2 Quelle sorte de travail est-ce qu'on doit faire?

3 Quel est le salaire, s'il vous plaît?

a Le travail consiste à animer toutes sortes d'activités avec les enfants.

b Le salaire est mille euros par mois.

c Elles sont de neuf heures à dix-sept heures.

How do these questions compare with the ones you prepared in Exercise 1?

3 Listen to the second part of Liam's interview and fill in the gaps.

■ Pouvez-vous me donner quelques renseignements personnels, s'il vous plaît?

● Oui, bien sûr. Je **(1)** _____ Liam Jackson. Ça s'écrit J-A-C-K-S-O-N. **(2)** _____ seize ans et **(3)** _____ à Bradford en Angleterre.

■ Très bien, merci. Pourquoi ce travail vous intéresse-t-il?

● Ce poste **(4)** _____ parce que j'aime **(5)** _____ avec les enfants. L'année **(6)** _____, j'ai fait mon stage dans une école primaire à Bradford. **(7)** _____ extra.

■ Aimez-vous le sport?

● Ah, oui, je suis très **(8)** _____! J'aime tous les sports, mais mon sport préféré est le basket. Je fais aussi de **(9)** _____ natation trois fois par semaine.

■ Avez-vous d'autres centres d'intérêt?

● Oui, j'aime beaucoup la musique. J'apprends à **(10)** _____ de la guitare: j'ai un cours tous les samedis matins.

C'était   dernière   J'ai   j'habite   jouer   la   m'appelle   m'intéresse   sportif   travailler

4 **Now listen to the final part of Liam's interview and answer the questions.**

1 The examiner asks Liam why he wants to work in France. He uses three infinitives in his answer. One is *améliorer* (to improve). What are the other two?

2 How does Liam say 'obviously' he speaks English? What other languages does he speak?

3 What adjectives does Liam use to describe his personality?

4 How does Liam say 'generally' he gets on well with other people?

5 **Now it's your turn! Prepare your answers to the task and then take part in the interview with your teacher or partner.**

● Use ResultsPlus and the work you have done in Exercises 1–4 to help you.

● Adapt what Liam says to talk about yourself.

● Take the initiative: volunteer information and ask extra questions.

● Record the interview. Ask a partner to listen to it and say how well you performed.

Award each other one star, two stars or three stars for each of these categories:

● pronunciation
● confidence and fluency
● range of tenses
● variety of vocabulary and expressions
● using longer sentences
● taking the initiative.

What do you need to do next time to improve your performance?

 Results**Plus**

 Get the basics right!
● Make sure you know phrases for giving **personal information**:
Je m'appelle … (My name is …), *J'ai (seize) ans.* (I am (16).), *J'habite …* (I live …).
● Give **simple opinions**: *J'aime …* (I like …), *Mon sport préféré est …* (My favourite sport is …).
● Get your **genders** right: *le sport* (sport) (masculine), *la natation* (swimming) (feminine).

 To achieve a Grade C, you need to be able to:
● ask **questions** correctly (see page 191 for help). Accuracy will earn you extra marks! Remember: (singular) What **is** …? = *Quel(le)* **est** …?   (plural) What **are** …? = *Quel(le)s* **sont** …?
● use the **correct form of address**. This is a <u>formal</u> situation, so remember to use *vous* (not *tu*), with the correct verb ending: *Pouvez-vous …?*
● use a **range of tenses** correctly. Liam uses the **present tense** to give personal information – *Je m'appelle …* (My name is …) – and the **perfect tense** to say where he did work experience: *J'ai fait mon stage dans une école primaire* (I did my work experience in a primary school)
● use a range of **adjectives**. Remember, if you are female use the feminine form of the adjective to describe yourself.
● use **expressions of time**: *l'année dernière* (last year), *trois fois par semaine* (three times a week).

 To increase your marks, try to use:
● some **adverbs**, like *évidemment* (obviously) and *généralement* (generally)
● ***J'apprends à …*** (I am learning to (+ infinitive)).

Épate l'examinateur!
◆ Show you know how to use the infinitive correctly in a variety of ways, as Liam does: *… pour améliorer mon français* (… to improve my French), *j'espère continuer* (I hope to continue).

Mon stage en entreprise

J'ai fait mon stage en entreprise en troisième, au mois de mai. Je m'intéresse beaucoup aux voitures, donc j'ai fait mon stage dans un garage Toyota dans ma ville. Le stage a duré deux semaines et c'était génial.

Je devais me lever tous les jours à sept heures et quitter la maison à huit heures. Les horaires de travail étaient de neuf heures à dix-sept heures, avec une heure pour le déjeuner.

La plupart du temps, le travail était intéressant et assez varié. J'ai aidé les mécaniciens et une fois, j'ai changé les pneus d'une voiture de rallye! De plus, à la fin de la journée, je devais passer l'aspirateur et quelquefois, je devais aussi préparer le café pour mes collègues.

Je m'entendais bien avec mes collègues au garage. Les mécaniciens étaient sympas et marrants. Mon patron, le propriétaire du garage, était un peu sévère, mais il était content de mon travail.

C'était une expérience positive pour moi et après mes examens GCSE, je vais faire un apprentissage de mécanicien parce que plus tard je voudrais travailler comme mécanicien.

Lucas

> changer les pneus (m) – to change the tyres
> content(e) – happy

1 Find the French equivalent of these phrases in the text and copy them out.

1 in Year 10
2 in the month of May
3 the work experience lasted two weeks
4 I had to get up every day
5 leave the house
6 most of the time
7 at the end of the day
8 I got on well with my colleagues
9 my boss, the garage owner
10 a bit strict

2 Choose the correct answers: a, b or c.

1 Lucas's work experience lasted _____.
 (a) the whole of May
 (b) three days
 (c) two weeks

2 He had to work _____.
 (a) eight hours a day with an hour's lunch break
 (b) six hours a day with no lunch break
 (c) nine hours a day with an hour's lunch break

3 Lucas's boss was _____.
 (a) a little strict
 (b) not happy with Lucas's work
 (c) friendly and cheerful

4 After his GCSEs, Lucas wants to _____.
 (a) return for more work experience
 (b) start work straight away as a mechanic
 (c) begin an apprenticeship as a mechanic

Controlled assessment practice

3 You might be asked to write about your work experience as a controlled assessment task. Use ResultsPlus to help you prepare.

Results**Plus**

Make sure you cover the basics in your written assessment.
- ◆ Give a simple **opinion**. Lucas uses *c'était génial* and *le travail était intéressant et varié*.
- ◆ Use **connectives** to extend your sentences. Use *et* (and), *mais* (but), *ou* (or) and *donc* (so).

To achieve a Grade C, show that you can use **different tenses** and **expressions** correctly.
- ◆ Use the **perfect tense** to say what you <u>did</u>, e.g. *J'**ai fait** mon stage* (I did my work experience), *Le stage **a duré** …* (The work experience lasted …), *J'**ai aidé** …* (I helped …).
- ◆ To write about your future plans, use *je vais* + **infinitive** (I am going to …) or *je voudrais* + **infinitive** (I would like to …).
- ◆ Use less common **time expressions**, like *la plupart du temps* (most of the time) and *à la fin de la journée* (at the end of the day).

To increase your marks:
- ◆ say what **other people were like**. Use *il/elle était* + adjective (he/she was …) and *ils/elles étaient* + adjective (they were …). Remember, adjectives must agree with the noun they describe, e.g. *Les mécaniciens étaient sympa**s** et marrant**s***.

Épate l'examinateur!
- ◆ To really impress your examiner, use *Je m'intéresse beaucoup à …* (I'm very interested in …), e.g. *Je m'intéresse beaucoup **aux** voitures* (I am very interested in cars).

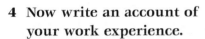

4 Now write an account of your work experience.
- ● Adapt language from Lucas's text and use language from Unit 4.
- ● You can impress the examiner with a wide range of vocabulary, but use a dictionary carefully, especially if you need specialised terms such as 'computer parts' (*les pièces d'ordinateur*).
- ● Organise what you write in logical paragraphs. Use the blue box to guide you.

Introduction

Background to your work experience: When did you do it? (In which school year? In which month?) How long did it last? Why did you choose to do your work experience in this particular place?

Main paragraphs

Say what types of jobs you had to do. Talk about the other staff and how you got on with them.

Conclusion

Say whether you would like to work there or do a similar job in the future. Say why.

Check what you have written carefully. Check:
- ● spelling and accents
- ● adjective endings
- ● gender of nouns (*le/la; un/une*). Remember, some jobs have masculine and feminine forms (e.g. *coiffeur/coiffeuse*). Note: *mon patron/ma patronne* (my boss).
- ● tense formation. Remember, *je devais, je vais* and *je voudrais* are followed by an infinitive (e.g. *travailler, finir, faire*).

Les tâches ménagères — *Household chores*

Je fais la vaisselle.	*I do the washing-up.*	Je range ma chambre.	*I tidy my bedroom.*
Je garde mon petit frère / ma petite sœur.	*I look after my little brother / sister.*	Je sors la poubelle.	*I take the dustbin out.*
Je lave la voiture.	*I wash the car.*	Je vide le lave-vaisselle.	*I empty the dishwasher.*
Je passe l'aspirateur.	*I do the vacuuming.*	Je mets la table.	*I lay the table.*

La fréquence — *How often*

tous les jours	*every day*	tous les samedis matins	*every Saturday morning*
tous les matins	*every morning*		
tous les soirs	*every evening*	toutes les semaines	*every week*
tous les week-ends	*every weekend*	une fois par semaine	*once a week*
		de temps en temps	*from time to time*

L'argent de poche — *Pocket money*

Pour aider à la maison, ...	*To help at home, ...*	du matériel scolaire	*school equipment*
ma mère/mon père me donne ...	*my mother/my father gives me ...*	des baskets (f)	*trainers*
		des bonbons (m)	*sweets*
mes parents me donnent ...	*my parents give me ...*	des CD (m)	*CDs*
je reçois ...	*I get ...*	des chocolats (m)	*chocolates*
comme argent de poche	*as pocket money*	des cadeaux (m)	*presents*
par semaine	*per week*	des DVD (m)	*DVDs*
par mois	*per month*	des jeux de console (m)	*console games*
Avec mon argent, j'achète ...	*With my money, I buy ...*	des magazines (m)	*magazines*
		Je fais des économies.	*I save.*
du maquillage	*make-up*		

As-tu un petit job? — *Do you have a part-time job?*

J'ai un petit job/boulot.	*I've got a part-time job.*	Je livre des journaux	*I deliver newspapers.*
Je travaille dans ...	*I work in ...*	Je travaille ...	*I work ...*
un fast-food	*a fast-food restaurant*	tous les (samedis)	*every (Saturday)*
un centre de loisirs	*a leisure centre*	de (9h) à (17h30)	*from (9) until (5.30)*
un supermarché	*a supermarket*	sept heures par semaine	*seven hours a week*
un salon de coiffure	*a hairdresser's*	Je gagne (5 euros/livres) de l'heure.	*I earn (5 euros/ pounds) an hour.*
une épicerie	*a grocer's shop*		
une ferme	*a farm*	C'est chouette/nul/ pas mal.	*It's great/rubbish/ not bad.*
Je fais du baby-sitting.	*I do babysitting.*		

Les métiers — *Jobs/Professions*

l'agent de police (m/f)	*policeman/ policewoman*	le coiffeur / la coiffeuse	*hairdresser*
		le cuisinier / la cuisinière	*cook (e.g. in a canteen)*
l'agriculteur / l'agricultrice	*farmer*	le facteur / la factrice	*postman / postwoman*
le fermier / la fermière	*farmer*	le garçon de café	*waiter*
le boulanger / la boulangère	*baker*	l'infirmier / l'infirmière	*nurse*
le caissier / la caissière	*cashier / checkout operator*	le mécanicien / la mécanicienne	*mechanic*
le / la chauffeur de poids lourd	*lorry driver*	le / la médecin	*doctor*
le / la chef	*chef (in a restaurant)*	le serveur / la serveuse	*waiter / waitress*

L'avenir / The future

Je voudrais …	I would like …
Je ne voudrais pas….	I wouldn't like …
aider les gens malades	to help sick people
avoir beaucoup de contact avec les gens	to have a lot of contact with people
faire un métier manuel	to do a manual job
gagner beaucoup d'argent	to earn a lot of money
travailler …	to work …
comme (fermier)	as (a farmer)
dans un bureau	in an office
en équipe	in a team
le soir / le week-end	in the evenings / at weekends

Les avantages et les inconvénients / Advantages and disadvantages

C'est / Ce n'est pas bien payé.	It's / It's not well paid.
C'est créatif/fatigant/monotone/stressant/varié.	It's creative/tiring/monotonous/stressful/varied.
Les horaires sont longs.	The hours are long.
On a beaucoup de contact avec les gens.	You have a lot of contact with people.
On voyage beaucoup.	You travel a lot.
On travaille en plein air.	You work in the open air.
On doit travailler le samedi.	You have to work on Saturdays.

Au téléphone / On the telephone

Je voudrais parler à …	I'd like to speak to…
Peut-il/elle me rappeler demain?	Can he/she call me back tomorrow?

Je voudrais poser ma candidature … / I'd like to apply …

Monsieur/Madame	Dear Sir or Madam
J'ai vu votre annonce dans le journal …	I saw your advert in the newspaper …
le poste	job
à temps partiel	part-time
à temps complet	full-time
une langue étrangère	a foreign language
un goût pour le sport	a liking for sport
j'ai déjà travaillé	I have already worked
Veuillez trouver ci-joint mon CV.	Please find my CV attached.
Je vous prie d'agréer l'expression de mes salutations sincères	Yours sincerely

Les stages en entreprise / Work experience

J'ai fait mon stage en entreprise dans …	I did my work experience in …
J'ai passé deux semaines dans …	I spent two weeks in …
un bureau	an office
un cabinet de vétérinaire	a vet's surgery
un centre de loisirs	a leisure centre
un garage (Citroën)	a (Citroën) garage
un hôtel	a hotel
un magasin de vêtements	a clothes shop
une agence de voyages	a travel agency
une banque	a bank
une école maternelle	a nursery school
une ferme	a farm

Ce que je devais faire / What I had to do

Je devais …	I had to …
aider les mécaniciens	help the mechanics
classer des fiches	do the filing
compter l'argent	count the money
faire des photocopies	do photocopying
préparer le café pour les clients	make coffee for customers
jouer avec les enfants	play with the children
passer l'aspirateur	do the vacuuming
noter les rendez-vous	book appointments
travailler sur ordinateur	work on the computer
répondre au téléphone	answer the telephone
C'était …	It was …
chouette / génial	great
ennuyeux	boring
intéressant	interesting
nul	rubbish
Ce n'était pas mal.	It wasn't bad.

La météo — Talking about the weather
Using the present and near future tenses

Déjà vu

écouter 1 Écoutez. Quel temps fait-il? Copiez et remplissez la grille.
What's the weather like? Copy and fill in the grid.

	aujourd'hui
au nord	d
au sud	
dans le centre	
à l'ouest	
à l'est	
dans les Alpes	
dans les Pyrénées	
à Paris	

a Il pleut. **b** Il y a du vent.

c Il neige. **d** Il y a du brouillard.

e Il y a du soleil. **f** Il fait froid. **g** Il fait chaud. **h** Il y a des orages.

Déjà vu

parler 2 À deux. Quel temps fait-il en France?
Work in pairs. What's the weather like in France?

■ Au nord, il y a du brouillard.
● Au sud, ...

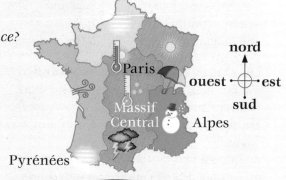

Paris

Massif
Central

Pyrénées

Alpes

nord

ouest — est

sud

écrire 3 Reliez et complétez les phrases.

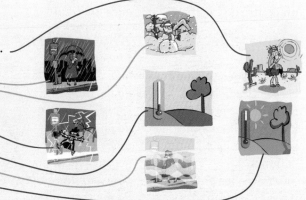

1 N'oublie pas tes lunettes de soleil, ...
2 Prends un parapluie, ...
3 Mets ton bonnet et tes gants, ...
4 Ne sors pas, ...
5 Mets un pull, ...
6 Fais attention, ...
7 Bois de l'eau, ...

4 C'est quelle saison? Complétez les phrases avec le bon mot.

Which season is it? Complete the sentences with the correct word.

printemps

été

automne

hiver

1 En _____, il y a du vent et les feuilles tombent des arbres.
2 En _____, il fait froid et il neige.
3 Au _____, la neige fond et les fleurs poussent.
4 En _____, il fait chaud et il y a des orages de temps en temps.

 5 La météo pour demain. Trouvez les deux bonnes images pour chaque région.

1 la région parisienne
2 le nord
3 l'est
4 l'ouest
5 le sud
6 le Massif Central

Demain

Dans la région parisienne, il va y avoir du soleil et il va faire chaud.
Au nord, il va faire froid et il va y avoir du brouillard dans la journée.
À l'est, il va faire froid et il faut compter sur la neige en altitude.
À l'ouest, un vent fort venant de l'Atlantique va souffler et il y a un fort risque d'averses.
Sur la côte sud, il va y avoir des orages pendant la matinée et de belles éclaircies dans l'après-midi.
Sur le Massif Central, il va faire chaud, mais il va y avoir des averses.

a b c d e f g h

Expo-langue →→→→

Grammaire **190**

To say what the weather is going to be like in the future, use the *near future tense*.
Il **va pleuvoir**. = It is going to rain.
Il **va faire** beau. = It is going to be fine.

il faut compter sur … – you should expect …
souffler – to blow
un (fort) risque de – a (strong) risk of
les averses (f) – showers
les éclaircies (f) – bright spells

 6 Écoutez. Quel temps va-t-il faire demain? Copiez et complétez la grille. Utilisez les images de l'exercice 5.

	demain
au nord	
au sud	
dans le centre	
à l'ouest	
à l'est	
dans les Alpes	
à Paris	

7 Écrivez la météo pour la Grande-Bretagne pour aujourd'hui et demain.

Aujourd'hui

À l'ouest, il y a …

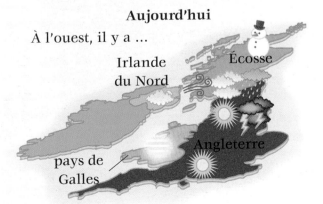

Irlande du Nord

Écosse

pays de Galles

Angleterre

Demain

À l'est, il va y avoir …

Irlande du Nord

Écosse

pays de Galles

Angleterre

lire 1 Lisez et trouvez un hôtel qui convient à chaque personne.

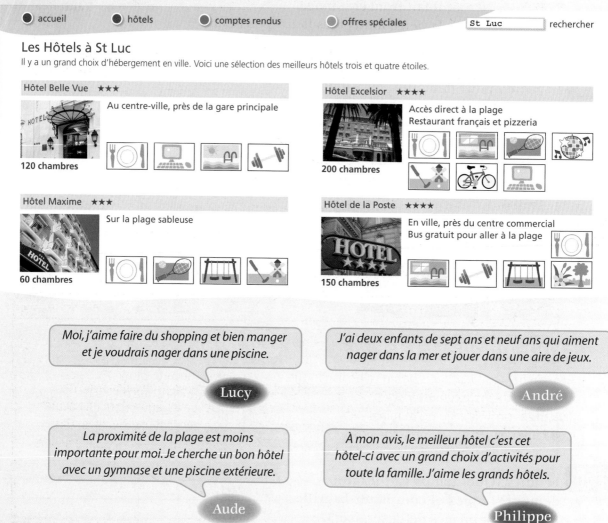

● accueil   ● hôtels   ● comptes rendus   ● offres spéciales | St Luc | rechercher

Les Hôtels à St Luc

Il y a un grand choix d'hébergement en ville. Voici une sélection des meilleurs hôtels trois et quatre étoiles.

Hôtel Belle Vue ★★★
Au centre-ville, près de la gare principale
120 chambres

Hôtel Excelsior ★★★★
Accès direct à la plage
Restaurant français et pizzeria
200 chambres

Hôtel Maxime ★★★
Sur la plage sableuse
60 chambres

Hôtel de la Poste ★★★★
En ville, près du centre commercial
Bus gratuit pour aller à la plage
150 chambres

> *Moi, j'aime faire du shopping et bien manger et je voudrais nager dans une piscine.*
> **Lucy**

> *J'ai deux enfants de sept ans et neuf ans qui aiment nager dans la mer et jouer dans une aire de jeux.*
> **André**

> *La proximité de la plage est moins importante pour moi. Je cherche un bon hôtel avec un gymnase et une piscine extérieure.*
> **Aude**

> *À mon avis, le meilleur hôtel c'est cet hôtel-ci avec un grand choix d'activités pour toute la famille. J'aime les grands hôtels.*
> **Philippe**

écouter 2 Écoutez la conversation. C'est quel hôtel? Belle Vue, Maxime, Excelsior ou l'Hôtel de la Poste? (1–6)

Expo-langue

To compare two things, you use the **comparative** form of the adjective.
This is formed using **plus** + adjective or **moins** + adjective
L'avion est **plus rapide que** le bateau.
L'hôtel de la Poste est **moins cher que** l'hôtel Excelsior.

The adjective needs to agree with the noun it describes.
La piscine de l'hôtel Excelsior est plus **grande** que la piscine de l'hôtel de la Poste.

The comparative of **bon** is irregular: **meilleur**.

3 Faites correspondre les images aux bulles.

1

2

3

4

5

6

a On peut voir la mer.
b Prendre l'avion, c'est plus rapide!
c Voyager par Eurostar, c'est plus pratique!
d C'est moins cher de prendre l'avion.
e En 2h35 on arrive au centre de Paris.
f Prendre le bateau, c'est plus relaxant!

4 Ils préfèrent quel moyen de transport? Avion, train ou bateau? (1–6)

5 Lisez cet e-mail et répondez aux questions en anglais.

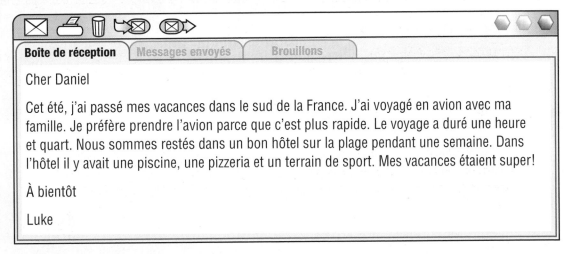

Boîte de réception Messages envoyés Brouillons

Cher Daniel

Cet été, j'ai passé mes vacances dans le sud de la France. J'ai voyagé en avion avec ma famille. Je préfère prendre l'avion parce que c'est plus rapide. Le voyage a duré une heure et quart. Nous sommes restés dans un bon hôtel sur la plage pendant une semaine. Dans l'hôtel il y avait une piscine, une pizzeria et un terrain de sport. Mes vacances étaient super!

À bientôt

Luke

1 When did Luke go to France?
2 Why does he prefer flying?
3 How long was his journey?
4 Where was his hotel, and what facilities did it have?

6 Imaginez que vous êtes allé(e) en vacances en France. Écrivez un e-mail. Utilisez le texte ci-dessus comme modèle.

Cet été, j'ai passé mes vacances …

J'ai voyagé en …

Je préfère … parce que …

Le voyage a duré …   Nous sommes restés dans …

Mes vacances étaient …

Dans … il y avait …

1 Lisez et trouvez la bonne photo pour chaque personne.

Pendant les grandes vacances, mon frère et moi allons chez mes grands-parents. Ils habitent à la campagne. On adore y aller parce qu'on aime aider à la ferme. On donne à manger aux animaux.
Florence

Cette année, je vais faire un stage sportif en Bretagne avec un copain. On va faire de la planche à voile et du surf. J'attends les vacances avec impatience!
Lou

Cette année, je vais au bord de la mer. On va faire du camping. On y va chaque année avec mes cousins.
Hugo

On va faire du camping à la campagne. Mes parents sont fanas de VTT et on va faire des balades à vélo.
Christian

Pendant les grandes vacances, je vais chez mon père et ma belle-mère. On loue un gîte en Dordogne. Mon père apporte toujours des cannes à pêche, des vélos et des kayaks.
Théo

D'habitude, pendant les grandes vacances, on va au bord de la mer, mais cette année on va louer un gîte au bord d'un lac avec mes cousins. On va faire des randonnées. Quelle horreur!
Amélie

2 Relisez. Copiez et complétez la grille en anglais.

	where?	who with?	does what?	when? a) usually b) this year
Florence				
Hugo				
Théo				
Lou				
Christian				
Amélie				

Expo-langue →→→→   188 189 190

You use:

1 on and the present tense to talk about what 'we' are **doing**

2 on and the near future to talk about what 'we' are **going to do**.

On is followed by the same form of the verb as **il/elle: on joue/fait/va**

1 D'habitude, on fait des randonnées. = **Usually** we go walking.
   On loue un gîte. = We rent a holiday house.

2 Cette année, on va faire du vélo. = **This year**, we are going to go cycling.
   On va aller au bord de la mer. = We are going to go to the seaside.

3 On va où? Écoutez et choisissez les bonnes images pour chaque personne. (1–3)

Exemple: **1** a, g, …

On va où?

a

b

c

d

Qu'est-ce qu'on fait?

e

f

g

h

C'est comment?

i

j **OK**

k

l

4 Parlez de vos projets de vacances.

D'habitude, on	va	au bord de la mer/à la campagne/ chez mes grands-parents à Paris/à Londres/en Espagne/ en France/aux États-Unis	avec mes parents/ mon copain/ma copine/ma classe.
Cette année, on	va aller		
D'habitude, on	fait	du sport/du VTT/de la natation/de l'équitation.	
Cette année, on	va faire		
D'habitude, on	joue	au foot/basket/tennis/volley.	
Cette année, on	va jouer		
On va rester à la maison parce que …			

5 Écrivez un paragraphe sur Françoise, Vincent et vous-même.

	Françoise	Vincent
Où vont-ils? Françoise/Vincent va …		
Avec qui? Elle/Il va avec …		
Que font-ils? Elle/Il fait/joue …		
C'est comment? Elle/Il adore/aime/déteste …		

Et toi? Où vas-tu? Qu'est-ce que tu vas faire? Avec qui? C'est comment?

Pour vos vacances en Ardèche

Le camping est situé au bord de la rivière et dans une immense forêt naturelle.

Sur le camping

◎ piscine 150m²
◎ pataugeoire
◎ mini-marché et snack
◎ salle de jeux
◎ mini-golf et ping-pong
◎ aire de jeux pour les enfants
◎ terrain de pétanque et de volley
◎ randonnées

◎ location de vélos, kayak et canoë

✳ commerces à 1 km
✳ supermarché à 4 km
✳ équitation à 15 km
✳ rafting à 7 km
✳ gorges de l'Ardèche à 15 km
✳ safari à 20 km

lire 1 Trouvez les expressions dans le dépliant.

1 bowls area
2 children's play area
3 games room

4 small shop
5 walks/hikes
6 paddling pool

7 shops
8 horse-riding
9 canoe hire

lire 2 Qu'est-ce qu'on pourrait y faire? Vos parents veulent en savoir plus sur le camping.
What could you do there? Your parents want to know more about the campsite.

Tell them:
1 where it is situated
2 what there is for young children to do
3 five things that you could do if you stayed there
4 why you think they would like to go there.

écouter 3 Camping des Sapins. Écoutez l'information sur le camping et choisissez la bonne réponse, a, b ou c.

1 Taille:	(a) grand	(b) moyen	(c) petit
2 Situation:	(a) mer	(b) campagne	(c) montagne
3 Hébergement:	(a) caravanes	(b) tentes	(c) chalets
4 Distance des commerces:	(a) 2 minutes	(b) 5 minutes	(c) 7 minutes
5 Équipements:	(a) piscine	(b) pataugeoire	(c) chiens

Expo-langue →→→→  188 189

When you are talking about yourself *and* someone else, you use the **nous** form. This almost always ends in **–ons** in the present tense.
(Exception: **être** – **nous sommes**, **nous sommes allé(e)s**.)

jouer	faire	aller	avoir	être	se reposer
nous	nous	nous	nous	nous	nous nous
jou**ons**	fais**ons**	all**ons**	av**ons**	**sommes**	repos**ons**

● Reflexive verbs add an extra **nous**:
nous *nous* reposons
● Note:
nous mangeons
nous nageons
nous logeons
= we stay

lire **4** **Lisez et choisissez a, b ou c pour compléter chaque phrase.**

Chaque année, nous allons en vacances avec nos parents et nos grands-parents. Nous passons les vacances au camping de la Forêt au bord de l'Ardèche, une rivière dans le sud de la France. Nous louons un petit chalet en bois. Mes parents et mes grands-parents dorment dans le chalet et mon frère et moi dormons sous une tente qu'on met à côté du chalet. Il y a une grande piscine avec un toboggan. Le matin, nous retrouvons nos amis à la piscine et nous décidons ce que nous allons faire dans la journée. D'habitude, le matin, nous faisons une balade en vélo ou nous jouons au volley ou au basket. À midi, nous rentrons déjeuner avec nos parents et puis l'après-midi, nous nous baignons, nous faisons du kayak ou du canoë ou nous nous reposons au bord de la rivière. C'est cool!

Ludo

1 Il va en vacances avec …
   (**a**) ses copains.   (**b**) ses parents.   (**c**) sa classe.

2 Ils vont …
   (**a**) au bord de la mer.   (**b**) à la campagne.   (**c**) en montagne.

3 Ils passent les vacances …
   (**a**) dans un camping.   (**b**) dans une auberge de jeunesse.   (**c**) dans un hôtel.

4 Les frères dorment …
   (**a**) dans un chalet.   (**b**) sous une tente.   (**c**) dans une auberge.

5 Ils font des balades en vélo avec …
   (**a**) leurs parents.   (**b**) leurs accompagnateurs.   (**c**) leurs copains.

6 Chaque année, ils vont …
   (**a**) au même camping.   (**b**) dans un camping différent.
   (**c**) chez leurs grands-parents.

ils – they
leur(s) – their

écouter **5** **Écoutez et trouvez les verbes qui manquent.**

Chaque année, nous (**1**) _____ les vacances au bord de la mer.
Nous (**2**) _____ en Bretagne où nous (**3**) _____ une caravane
sur un camping à deux minutes de la plage. D'habitude, le matin nous
(**4**) _____ au volley ou au tennis et l'après-midi, nous
(**5**) _____ ou nous (**6**) _____ de la planche à voile ou nous
nous (**7**) _____. Le soir, nous (**8**) _____ souvent au restaurant.

allons
dînons
faisons
jouons
louons
nageons
passons
reposons

parler **6** **À deux. Faites des dialogues.**

■ Où allez-vous en vacances?   ● Nous allons   **a** 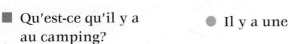 **b**

■ Où logez-vous?   ● Nous logeons   **a** **b**

■ Qu'est-ce qu'il y a
   au camping?   ● Il y a une   **a** **b**

■ Quels sports faites-vous?   ● Nous jouons au   **a** **b**

■ Faites-vous des balades?   ● Oui, nous faisons des balades **a** en 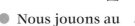 **b** à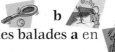

■ Où dînez-vous?   ● Nous dînons   **a** au **b** à la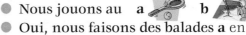

■ C'est comment?   ● C'est   **a** ✔✔   **b** ✔

Lire et écouter

La Baule

La station balnéaire de la Baule est située sur une des plus belles plages d'Europe, neuf kilomètres de sable fin et blond.

Dans un rayon de 25 km, vous trouvez 50 plages, 30 espaces verts, six ports de pêche et de plaisance, plus de 100 courts de tennis, un grand terrain de golf, des kilomètres de sentiers pédestres, pistes cyclables et allées cavalières et des clubs où l'on peut apprendre ou pratiquer la voile et la planche à voile.

La ville est desservie par le train, le TGV direct à partir de Paris.

Le climat est doux.

Visitez également:
- Le Croisic: le premier port français pour la pêche à la crevette rose
- Guérande: une cité médiévale et ses remparts

Gastronomie
Dégustez les saveurs et recettes de Bretagne

- Les crustacés et les coquillages: huîtres, coquilles St Jacques, langoustines, homards …
- La fameuse galette bretonne: une crêpe salée
- Les pommes de terre de la région
- Le gâteau au beurre et le gâteau aux pommes
- Le cidre de la région

les allées (f) cavalières – bridle paths (for horse riding)
desservie par – served by (the town has direct rail connections)
la crevette rose – pink prawn
les homards (m) – lobsters
salé(e) – salted (i.e. savoury)

lire 1 Lisez et trouvez les mots.

1 Find five French words in the text which are spelt the same as an English word.
2 Find words which are related to these English words: pedestrian, cycle, cavalry, climate, ramparts.
3 Find five more words which begin like a related English word.

- **Check the context.** Before you answer the questions in Exercise 2, decide what sort of text it is, as this will help you to understand it better. Look for clues: read the titles, look at the layout, look at the photograph. What do they tell you?
- **Read for gist.** Think of what sort of language you would expect to find. For example, in a tourist brochure like this, you'd expect information on places of interest, local sights and – particularly in France – food and drink!
- **Read for detail.** Use what you already know about the way French works to deduce the meaning of words you don't know. Check if:
  - it's a noun, adjective, verb, etc.
  - it's related to an English word you know
  - any part of it is like an English word that would make sense in this context.
- You won't need to understand every word to answer the questions!

lire **2** **Choisissez les quatre phrases qui sont vraies.**

1 The beach at La Baule is nine kilometres long.
2 It is a rocky beach.
3 There are lots of opportunities for sport.
4 You can't travel to Brittany by public transport.
5 It has extreme weather conditions.
6 Potatoes are grown in Brittany.
7 Apple cake is a local speciality.
8 Guérande is a modern town.

écouter **3** **Écoutez et répondez aux questions en anglais.**

1 Where do Luc and his parents go each year?
2 Where do they stay?
3 List three things they do.
4 What else does Luc like about the area?

écouter **4** **Réécoutez et complétez les phrases en anglais.**

1 They go there because ▨▨▨.
2 They stay there because ▨▨▨.
3 His favourite sport is ▨▨▨.
4 His favourite dish is ▨▨▨.

You will have to answer different sorts of listening questions in your GCSE exam, but however the questions are phrased, you can always make sure you get as many answers right as possible by following a few simple rules.

- Read all the statements or questions first, so that you have an overall understanding of the context.
- Read the statements again and predict what words you are likely to hear.
- If you are sure of the answers, do them straight away; but if you are not sure, remember you will hear the recording a second time. Make notes beside the ones you don't know if that would be helpful.
- Check you have understood the statement or question. There may be one key word that you might have missed when you read it the first time!
- When you have finished all the questions, go through your answers again and check you have crossed out any notes you have made.

écouter **5** **Écoutez Franck et choisissez la bonne réponse.**

1 Franck spent his holidays in ▨▨▨.
   (a) Spain   (b) France   (c) Italy
2 He stayed ▨▨▨.
   (a) in a cottage   (b) in a hotel
   (c) on a campsite
3 He went fishing in his ▨▨▨ boat.
   (a) uncle's   (b) aunt's   (c) father's
4 He ate sardines grilled by his ▨▨▨.
   (a) mother   (b) uncle   (c) father

Expo-langue

The superlative

To say something is 'the biggest', 'the longest', 'the most expensive', etc., you use the superlative. You form this by putting **le/la plus** before an adjective.
l'appartement **le plus cher** = the most expensive apartment

The adjective has to agree with the noun.
la plage **la plus longue** = the longest beach
les pommes **les plus délicieuses** = the most delicious apples

à la pizzeria au Quick à la brasserie à la crêperie

1 À deux. Discutez. Qu'est-ce qu'on peut manger et boire?

■ Qu'est-ce qu'on peut manger au Quick?
● On peut manger ...
■ Et qu'est-ce qu'on peut boire?
● On peut boire ...

du poisson   un hamburger

une crêpe   une pizza   une mousse
au jambon   au chocolat

du coca   du café   du pâté

de la bière   de l'eau   des frites   du poulet
                                              et des pommes
de l'Orangina   du jus d'orange   de terre

2 Faites des listes.

Exemple: Au Quick, on peut manger/boire ...

3 Lisez et décidez. Où déjeunent-ils?

Une pizza jambon fromage et des spaghettis à la bolognaise.
a

Je voudrais une crêpe au chocolat avec de la crème Chantilly.
b

Je voudrais la soupe en entrée et comme plat principal, du poulet avec des frites.
c

Deux hamburgers, une mousse au chocolat et une glace à la vanille.
d

4 Écoutez. Ils veulent déjeuner. Copiez et complétez la grille. (1–4)

	où?	manger?	boire?
1			
2			
3			
4			

Expo-langue

To say what you want, you can use
je veux (I want), but to be more polite,
you can use **je voudrais** (I would like).

lire 5 Lisez le menu. Reliez les questions et les réponses.

> **Menu à prix fixe 15€** – *entrée + plat + dessert + boisson*
>
> *Entrées*   *Plats*   *Desserts*   *Boissons*
>
> *Soupe du jour*   *Poulet frites*   *Mousse au chocolat*   *Eau minérale*
> *Salade verte*   *Jambon haricots verts*   *Glace*   *Jus d'orange*
> *Crudités*   *Spaghettis à la*   *Tarte aux pommes*   *Coca*
>   *bolognaise*

1 Avez-vous réservé?
2 Combien êtes-vous?
3 Voulez-vous boire quelque chose?
4 Plate ou gazeuse?
5 Qu'est-ce que vous voulez comme entrée?
6 Et comme plat principal?
7 Et comme dessert?

a Plate.
b Je prends une mousse au chocolat.
c Non, avez-vous de la place?
d Je voudrais une salade verte.
e Je voudrais de l'eau minérale.
f Nous sommes quatre.
g Je voudrais le poulet frites.

parler 6 À deux. Posez et répondez aux questions.

■ Où veux-tu déjeuner?   ● Je voudrais aller   **a** au   **b** à la

■ Qu'est-ce que tu veux boire?   ● Je voudrais   **a**   **b**

■ Qu'est-ce que tu prends comme entrée?   ● Je voudrais   **a**    **b**

■ Qu'est-ce que tu prends comme plat principal?   ● Je voudrais   **a** 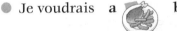   **b**

■ Qu'est-ce que tu prends comme dessert?   ● Je voudrais   **a**   **b**

écouter 7 Écoutez. C'est comment? (1–6)

a trop sucré(e)
b trop salé(e)
c trop sec/ sèche
d pas assez de sauce
e trop cuit(e)
f délicieux/ euse

écrire 8 Qu'est-ce que vous avez mangé? C'était comment? Écrivez un paragraphe.

À midi, j'ai déjeuné dans une brasserie.
Comme entrée, j'ai mangé … et c'était …
Comme plat principal, j'ai pris … et c'était …
Comme dessert, j'ai mangé … et c'était …
J'ai bu … et c'était …

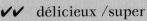

✔✔ délicieux /super
✔ bon
– (ce n'était) pas mal
✘ trop … / pas assez …

1 En vacances. Lisez les textes. Copiez et complétez la grille.

a 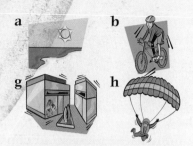 b   c   d   e   f

g   h   i   j   k   l

J'adore passer les vacances au bord de la mer. J'aime nager dans la mer ou dans une piscine et j'aime jouer au volley avec mes copains. Ce que je n'aime pas, c'est visiter un musée ou faire du shopping. Et je n'aime pas rester à la maison. Regarder la télé, c'est nul! L'année dernière, je suis allé en Bretagne et j'ai nagé et fait de la planche à voile.
Vincent

Je déteste les vacances en famille. Je n'aime pas me reposer sur la plage. Ce que j'aime, c'est apprendre un nouveau sport. Je veux faire un stage de parapente, de l'escalade ou de la randonnée en haute montagne. J'aime les sports d'aventure! Ma passion, c'est faire du VTT. L'année dernière, je suis allée au bord de la mer avec ma famille. C'était nul!
Sophie

un stage – a course

	aime	n'aime pas	l'année dernière
Vincent	a, ...		
Sophie			

Expo-langue →→→→

- You use the *present* to say what you *do now or generally*.
  D'habitude, je **vais** au bord de la mer. = I usually *go* to the seaside.

  Grammaire **188**

- You use the *near future* to say what you *are going to do*.
  Pendant les vacances, je **vais aller** à Paris. = In the holidays, I *am going to go* to Paris.

  Grammaire **190**

- You use the *perfect* tense to say what you did.
  L'année dernière, je **suis allé(e)** en Bretagne et j'**ai fait** ... = Last year I *went* to Brittany and I ...

  Grammaire **194**

2 À deux. Posez et répondez aux questions.

- ■ Qu'est-ce que Vincent/Sophie aime faire?
- ■ Et qu'est-ce qu'il/elle n'aime pas faire?
- ■ Où est-il/elle allé(e) l'année dernière?
- ■ Et toi? Qu'est-ce que tu aimes faire?
- ■ Et qu'est-ce que tu n'aimes pas faire?
- ■ Où es-tu allé(e) l'année dernière?

- ● Vincent/Sophie aime ...
- ● Il/Elle n'aime pas ...
- ● ...
- ● ...
- ● ...
- ● ...

3 Les grandes vacances. Écoutez. Copiez et remplissez la grille. Utilisez les images de l'exercice 1. (1–4)

	d'habitude	cette année	l'année dernière
1	a,		
2			

4 Lisez les dépliants. Puis lisez les phrases: c'est quel séjour?

A

Séjour sportif à la Martinique

Plongée sous-marine, kayak, trekking, baignades, équitation au bord de la mer
Excursions, soirées
Ce séjour aux Caraïbes vous permettra de combiner la découverte de l'île et la détente au bord de la mer.
7h de vol de Paris et navette de l'aéroport jusqu'à l'hôtel quatre étoiles
Équipement fourni: combinaison de plongée, bouteilles, sac étanche

B

Séjour multi-activités Biarritz

Moto, karting, cyclisme, piscine, surf, beach-volley, judo, tennis, foot, excursions dans les Pyrénées
Hébergement hôtel familial deux étoiles
Le transport à l'hôtel est effectué en minibus directement de la gare.
Ce séjour permet aux jeunes d'expérimenter plusieurs sports.
Équipement fourni: vélos, motos, casques, gants et genouillères

C

Visite culturelle *La découverte de la capitale*

Ce séjour permet aux jeunes de découvrir la capitale à travers les monuments et les quartiers typiques de Paris.
La tour Eiffel, l'arc de Triomphe, Notre-Dame, la Cité des sciences et de l'industrie, visite des quartiers typiques, le parc d'attractions Parc Astérix
Les jeunes sont logés en auberge de jeunesse.
Le transport est effectué en car grand tourisme.

la détente – relaxation
la navette – shuttle bus

1 This is a cultural visit to the capital.
2 This is a water-sports holiday in the Caribbean.
3 This is a multi-activity holiday in the Pyrenees.
4 You will go on a guided tour of the most important sights.
5 The flight from Paris will take seven hours.
6 You will stay in a youth hostel.
7 You will stay in a two-star hotel.
8 Diving equipment will be supplied.

5 Écoutez. Ils vont faire quel séjour? (1–3)

6 Mes vacances. Votre corres vous pose ces questions.
- Où passes-tu tes vacances d'habitude?
- Qu'est-ce que tu aimes et qu'est-ce que tu n'aimes pas faire pendant les vacances?
- Où es-tu allé(e) l'année dernière?
- Qu'est-ce que tu vas faire cette année?

Controlled assessment picture discussion

Task

Prepare a discussion based on a photograph or picture/postcard of a holiday destination. You could include:

- a description of the resort, how you got there, who you went with
- where you stayed and what it was like there
- the activities you did and your opinions of them, and what the weather was like
- plans for future holidays/your ideal holiday.

1 You may be asked why you have chosen this photo. Prepare three possible ways of answering the question.

2 You will hear a model discussion between Jonathan and his teacher, based on the photograph above. Listen to the first part of the discussion and match the English and French expressions.

1 J'ai choisi …	a He was ill.
2 Je suis resté …	b I went there.
3 J'y suis allé.	c My holidays were really marvellous.
4 Il était malade.	d I have chosen …
5 Nous avons fait le voyage …	e We made the journey …
6 Le voyage était …	f We were very tired.
7 Nous étions très fatigués.	g The journey was …
8 Mes vacances étaient vraiment merveilleuses.	h I stayed …

3 Listen to the second part of Jonathan's discussion and fill in the gaps with the words provided.

■ Où est-ce que vous êtes restés?

● On est (1) _____ dans un camping au bord de la mer. (2) _____ assez confortable, mais je préfère (3) _____ dans un hôtel. (4) _____ un restaurant, une piscine et un magasin d'alimentation au camping.

■ Qu'est-ce que vous avez fait comme activités?

● Pendant (5) _____ journée, nous (6) _____ allés à la piscine et nous avons joué au volley sur la plage. Un jour, nous (7) _____ fait de la planche à voile. C'était ma première fois et c'était (8) _____ difficile. Le soir, nous avons mangé dans un bon restaurant en ville.

■ Vous avez visité des monuments?

● Mon père (9) _____ beaucoup l'histoire et un jour on a visité un musée et une cathédrale. Moi, je ne m'intéresse pas du tout à l'histoire et j'ai trouvé ça très (10) _____!

aime   assez
avons
C'était
ennuyeux
Il y avait
la   restés
rester
sommes

4 Now listen to the final part of Jonathan's discussion and answer the questions.

1 It only rained once during Jonathan's stay. When was that exactly?
2 Jonathan is asked about his favourite memory of the holidays. What is the French word for 'memory'? How does Jonathan answer the question?
3 Why is Jonathan not going back to Spain next year?
4 Where would he like to go on holiday in the future, and why?

5 Now it's your turn! Choose a photograph showing a holiday destination and prepare a discussion about it.

- Use ResultsPlus and the work you have done in Exercises 1–4 to help you.
- Look back through the module for more ideas.
- Practise your discussion with a partner, using your photograph until you feel confident. When you are practising, you might want to prepare some prompt cards to help you remember what to talk about. These could be visuals.
- Consider how the discussion might develop and try to prepare appropriate answers. Remember to include a range of tenses.

Award each other one star, two stars or three stars for each of these categories:
- pronunciation
- confidence and fluency
- range of tenses
- variety of vocabulary and expressions
- using longer sentences
- taking the initiative.

What do you need to do next time to improve your performance?

 ResultsPlus

 Get the basics right!
- Include **basic phrases** which you have learned: *c'est* (it is), *je préfère* (I prefer), *mon père aime …* (my father likes …).
- Use verbs in the **present tense** correctly: *je n'aime pas* (I don't like), *je ne sais pas* (I don't know).
- Remember that ***en*** means 'by' when talking about transport: *en avion* (by plane), *en bateau* (by boat).

 To achieve a Grade C, you need to show you can use a variety of tenses, structures and expressions.
- Jonathan uses lots of **perfect tense**, as he's talking about a past holiday, but he also varies this by using the **present** and **near future tenses**.
- Try to link your work logically using **time expressions**: *l'année dernière* (last year), *pendant la journée* (during the day), *le soir* (in the evening).
- Use **simple adjectives** to give your opinions. Here are two that Jonathan uses:
  *Mes vacances étaient vraiment **merveilleuses**.* (My holidays were really marvellous.)
  *Je suis resté dans un **petit** village.* (I stayed in a little village.).

 To increase your marks:
- use **other forms of the verb** to make your work more interesting. Jonathan uses the *nous* form: *Nous avons fait le voyage en bateau* (We travelled by boat), *Nous étions très fatigués* (We were very tired)
- vary what you say by using ***on*** to mean **'we'**, e.g. *On a visité un musée* (We visited a museum)
- check your **verb endings** and that you're using the right **auxiliary verb** (*avoir* or *être*) in the perfect tense: *j'ai choisi* (I have chosen), *je suis allé(e)* (I went).

Épate l'examinateur!
- Impress the examiner by using a reflexive verb in the perfect tense like this one: *Je me suis bien amusé* (I enjoyed myself).

Mes vacances

L'année dernière, je suis allé en Espagne avec ma famille. Nous y sommes allés en avion.

Nous avons loué un appartement à cinq minutes de la plage. Dans l'appartement, il y avait une cuisine, un salon, une chambre pour mes parents, une salle de bains et un grand balcon. Mon frère et moi, nous avons dormi sur des canapés-lits dans le salon.

Le premier jour, le matin, je me suis levé de bonne heure et je suis allé chercher le pain pour le petit déjeuner. Puis nous avons passé la matinée à la piscine. L'après-midi, nous avons fait une balade en vélo et nous avons joué au tennis. Le soir, nous sommes sortis dîner. J'aime la cuisine espagnole, j'adore les tapas, et on mange beaucoup de poisson. En Espagne, le soir, tout le monde sort se promener et l'ambiance est festive. J'aime ça!

Un jour, nous sommes allés en car dans un parc aquatique où il y avait une piscine à vagues et six toboggans. Le toboggan «noir» était vraiment terrifiant. Un autre jour, on est allés faire du karting. C'était sensass!

D'habitude, je vais en vacances avec ma famille et nous allons au bord de la mer, mais l'année prochaine, je vais faire un stage de sports d'aventure dans les Alpes avec ma classe.

Vincent

Expo-langue → **194** **196**

When talking in the perfect tense about yourself and someone else, you use **nous** + **avons** or **sommes** + the past participle.

When you use **nous** with **sommes** in the perfect, the past participle needs to agree.
nous sommes all**és** = male or mixed group
nous sommes all**ées** = female group

1 **Find the French equivalent of these phrases in the text and copy them out.**

1. I went to Spain
2. We rented an apartment
3. my brother and I slept on sofa beds
4. I got up
5. We spent the morning ...
6. We went for a bike ride
7. Everybody goes out
8. I am going to do an adventure sports course

2 **Which tenses are the phrases in Exercise 1 in? For each phrase, write 'present', 'perfect' or 'near future'. Look at the perfect ones again. Which verbs use *avoir* and which use *être*?**

3 **Find the four correct statements**

1. Last year, they went to Spain.
2. They went by car.
3. Their apartment was near the beach.
4. Vincent doesn't like Spanish food.
5. The black slide was scary.
6. They went by bike to the aqua park.
7. He liked going karting.
8. He is going to go back next year.

4 **You might be asked to write about a past holiday as a controlled assessment task. Use ResultsPlus to help you prepare.**

 Make sure you cover the basics in your written assessment.
- Check the **gender** of the nouns and use *un* and *une* correctly: *un appartement, une maison, un salon, une chambre,* etc.
- Express **opinions** using *j'aime* and *j'adore* to say what you like and really like.

 To achieve a Grade C, you should show that you can use a variety of tenses and expressions. Use:
- the **present tense** to say what usually happens: *Nous allons au bord de la mer*
- the **perfect tense** when talking about what happened on your holiday: *Je suis allé(e) chercher le pain*
- the **near future** (*aller* + infinitive) to say what you are going to do in the future: *Je vais faire un stage de sport*
- the phrase ***il y avait*** (imperfect) to say what there was: *Il y avait un salon …*
- **time expressions** to talk about what you did during the day: *le matin* (in the morning), *l'après-midi* (in the afternoon), *le soir* (in the evening); *la matinée* (the whole morning), *la journée* (the whole day).

 To increase your marks, use:
- the ***nous* form** (we) to say what we did: *nous sommes allé(e)s; nous avons fait, mon frère et moi, nous avons dormi*
- ***on*** as an alternative way of saying what we did: *on est allé(s), on a fait, on a dîné.*

Épate l'examinateur!

- To really impress your examiner, use the pronoun *y* (there): *Nous y sommes allés* (we went there).

5 **Now write an account of a holiday.**
- Adapt Vincent's text and use language from Unit 6 and the rest of the module.
- Structure your text carefully.
- If you have to look up new words in a dictionary, make sure you choose the correct French word. Look carefully at any example sentences given. Cross-check, by looking the French word up in the French–English part of the dictionary. What English translations are given?

Introduction

Did you go away or stay at home?
Where did you go?
Who with?
How did you travel?
What did you do there?
What did you do if you stayed at home?

Main section

Accommodation
Where did you stay?
What was it like?

Activities
What did you do on the first day?
Where did you go?
What was it like?

Personal impressions
Mention something that you liked, e.g. food and drink, a special event

Conclusion

What are you going to do next year?

Check what you have written carefully. Check:
- spelling and accents
- tense formation
- verb endings, especially *nous* forms (*-ons*)
- gender and agreement (e.g. adjectives, past participles of *être* verbs).

La météo

Quel temps fait-il?	What's the weather like?	Il va faire (chaud).	It's going to be (hot).
Il fait chaud.	It's hot.	Il va y avoir (du vent).	It's going to be (windy).
Il fait froid.	It's cold.		
Il y a du soleil.	It's sunny.	Il va (neiger).	It's going to (snow).
Il y a du brouillard.	It's foggy.	au nord	in the north
Il y a du vent.	It's windy.	au sud	in the south
Il y a des orages.	It's stormy.	à l'est	in the east
Il neige.	It's snowing.	à l'ouest	in the west
Il pleut.	It's raining.	dans le centre	in the centre

Les vacances / Holidays

les grandes vacances	the summer holidays	d'habitude	usually
je vais ...	I'm going ...	cette année	this year
chez (mes grands-parents)	to (my grandparents' house)	On fait ...	We do ...
		du sport	sport
		du VTT	mountain-biking
à une ferme	to a farm	de la natation	swimming
au bord de la mer	to the seaside	de l'équitation	horse-riding
à la campagne	to the countryside	On joue ...	We play ...
faire du camping	camping	au foot	football
faire un stage (sportif)	to do a (sports) course	au basket	basketball
		au tennis	tennis
louer une caravane/un appartement/un gîte	to rent a caravan/apartment/gite	au volley	volleyball

Au camping / At the campsite

Nous allons en vacances ...	We go on holiday ...	Nous jouons (au tennis).	We play (tennis).
en Bretagne	to Brittany	Nous faisons des balades à vélo/à cheval.	We go for bike rides/horse-riding.
avec nos parents	with our parents		
à la campagne	to the countryside	Nous dînons (au restaurant).	We eat (in the restaurant).
au bord de la mer	to the seaside		
Nous passons une semaine au camping.	We spend a week at the campsite.	Dans le camping, il y a ...	On the campsite, there's ...
Nous louons un petit chalet.	We rent a little chalet.	une pataugeoire	a paddling pool
Nous dormons sous une tente.	We sleep in a tent.	une aire de jeux	a children's play area
		un terrain de pétanque	a bowling area
Nous logeons dans un chalet.	We stay in a chalet.	une salle de jeux	a games room

Un dépliant touristique / A tourist brochure

la Bretagne	Brittany	des sentiers (m) pédestres	footpaths
une station balnéaire	a seaside resort	des pistes (f) cyclables	cycle paths
est situé(e) sur	is situated on	des allées (f) cavalières	bridle paths
un terrain de golf	a golf course	visitez ...	visit ...
		dégustez ...	try ... [food/drink]

On déjeune — Let's have lunch

à la brasserie	at the brasserie [informal restaurant]
à la crêperie	at the creperie [pancake restaurant]
à la pizzeria	at the pizzeria
au Quick	at Quick [burger restaurant]
Comme entrée ...	As a starter ...
Comme plat principal ...	As a main course ...
Comme dessert ...	For dessert ...
Comme boisson ...	To drink ...
je voudrais ...	I'd like ...
le hamburger (frites)	burger (and chips)
le pâté	pâté
le poisson	fish
le poulet (frites)	chicken (and chips)
la crêpe (au jambon)	pancake (with ham)
la pizza	pizza
la soupe (du jour)	soup (of the day)
la salade verte	green salad
les pommes de terre	potatoes
la mousse au chocolat	chocolate mousse
la glace	ice cream
les frites (f)	chips
les spaghettis (m) (à la bolognaise)	spaghetti (bolognaise)
un café	coffee
un coca	coke
un jus d'orange	orange juice
une bière	beer
l'eau (f)	water
l'Orangina (m)	Orangina
j'ai déjeuné	I had lunch
j'ai mangé	I ate
j'ai pris	I had
j'ai bu	I drank
C'était ...	It was ...
délicieux/super	delicious
bon	good
Ce n'était pas mauvais.	It wasn't bad.
Il/Elle est/était ...	It is / was ...
trop sucré(e)	too sweet
trop salé(e)	too salty
trop cuit(e)	overcooked
trop sec/sèche	too dry
Il n'y a/avait pas assez de sauce.	There isn't/wasn't enough sauce.

En vacances — On holiday

J'aime / Je n'aime pas ...	I like / I don't like ...
Il/Elle aime / n'aime pas ...	He/She likes / doesn't like ...
aller au bord de la mer	going to the seaside
apprendre un nouveau sport	learning a new sport
faire du shopping	going shopping
faire du vélo	going cycling
faire du volley	playing volleyball
faire du parapente	going paragliding
faire de la planche à voile	going windsurfing
faire de la randonnée	going hiking
faire de l'escalade	going rock-climbing
faire un stage (de parapente)	doing a (paragliding) course
nager	swimming
regarder la télé	watching TV
rester à la maison	staying at home
visiter un musée	visiting a museum
D'habitude, je vais ...	Usually I go ...
L'année dernière, je suis allé(e) ...	Last year I went ...
L'année dernière, il/elle est allé(e) ...	Last year he/she went ...
Pendant les vacances, je vais aller ...	In the holidays I'm going to go ...
à Paris	to Paris
au bord de la mer	to the seaside
en Bretagne	to Brittany

8 Mode de vie

Ce qu'on mange et ce qu'on boit — Talking about food and drink
Using *du, de la, de l', des*

Déjà vu 1

1 Écoutez Nicolas et Amélie. Que mangent-ils et que boivent-ils d'habitude pour le petit déjeuner? Copiez et remplissez la grille. (1–2)
Listen to Nicolas and Amélie. What do they usually eat and drink for breakfast? Copy and complete the grid.

	journée scolaire		week-end	
	mange	boit	mange	boit
Nicolas				
Amélie				

des céréales   du lait

du jus d'orange   du chocolat chaud

du pain   du pain grillé

une tartine

Expo-langue

You use **du, de la, de l'** and **des** (some) when talking about what you eat and drink. This is known as the partitive article.

masculine singular	feminine singular	before a vowel	plural
du	**de la**	**de l'**	**des**

Je mange **du** pain grillé. = I eat (some) toast.
Veux-tu **des** céréales? = Do you want (some) cereal?

Je ne bois pas **de** lait. = I don't drink milk.
Je ne veux pas **de** céréales. = I don't want cereal.

When the verb is negative, **du, de la, de l'** and **des** change to **de**.

Déjà vu 1

2 À deux. Posez et répondez aux questions.

■ Que manges-tu d'habitude au petit déjeuner avant d'aller au collège?
■ Que bois-tu d'habitude au petit déjeuner avant d'aller au collège?
■ Et le week-end, que manges-tu d'habitude?
■ Et que bois-tu d'habitude le week-end?

Try to use some of these phrases in your answers:
d'habitude – usually   quelquefois – sometimes
Ça dépend. – It depends.   Je préfère ... – I prefer ...
Si je suis pressé(e), ... – If I'm in a hurry, ...
Si je ne suis pas pressé(e), ... – If I'm not in a hurry, ...
Si je suis en retard, ... – If I'm late, ...
Je ne mange rien. – I don't eat anything.

3 Qu'est-ce que vous mangez et buvez au petit déjeuner?
What do you eat and drink for breakfast?

D'habitude au petit déjeuner, je mange … , mais si je suis pressé(e), je …

4 À la cantine. Lisez et trouvez ce qu'ils choisissent.
In the canteen. Read the texts and find what they choose.

Exemple: **Coralie** a, …

a b c d

e f g h

i j k l

À midi, je mange à la cantine. Aujourd'hui, je mange une salade verte, du jambon avec des frites et puis une mousse au chocolat parce que j'adore le chocolat.
Coralie

À midi, je rentre à la maison. Aujourd'hui, je mange de la soupe, un hamburger avec des haricots verts et un yaourt.
Thomas

À midi, je mange à la cantine. Je prends une salade composée, une pizza, des frites et une pomme comme dessert.
Sandrine

5 À la cantine. Que mangent-ils et que boivent-ils? Écoutez et notez les lettres des images de l'exercice 4. (1–4)
In the canteen. What do they eat and drink? Note the letters of the pictures in Exercise 4.

6 Vidéoconférence. Préparez une présentation sur ce que vous mangez et buvez d'habitude pendant une journée scolaire.

Au petit déjeuner / repas de midi, je mange … je bois …

le petit déjeuner – breakfast
le repas de midi – lunch
le goûter – afternoon snack
le dîner – dinner

Déjà vu 2

1 lire

Identifiez les parties du corps.
Identify the parts of the body.

Exemple: **a** la tête

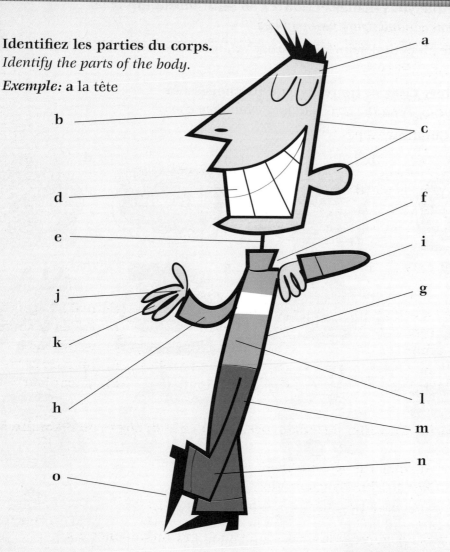

| le bras |
| le coude |
| les dents (f) |
| le doigt |
| le dos |
| l'épaule (f) |
| le genou |
| la gorge |
| la jambe |
| la main |
| le nez |
| les oreilles (f) |
| le pied |
| la tête |
| le ventre |

Déjà vu 2

2 écouter

Écoutez et vérifiez.

3 écouter

Écoutez. Quelle partie du corps leur fait mal?
(1–6)
Listen. Which part of their body hurts?

Exemple: 1 a

4 parler

À deux. Choisissez une partie du corps.
Votre partenaire devine ce que vous avez.
*In pairs. Choose a part of the body. Your partner
guesses what's wrong with you.*

- ■ Comment vas-tu?
- ● Ça ne va pas.
- ■ As-tu mal à la tête?
- ● Oui./Non.

Expo-langue

To say where it hurts, you use
J'ai mal à + the part of the body.

à + **le** → **au**
à + **les** → **aux**

J'ai mal **au** genou.
= My knee hurts./I've hurt my knee.
J'ai mal **à la** jambe.
= My leg hurts./I've hurt my leg.
J'ai mal **à l'**épaule.
= My shoulder hurts./I've hurt my
  shoulder.
J'ai mal **aux** dents. = My teeth
  hurt./I've got toothache.

comprimés

pastilles

sirop

  5 Chez le médecin. Écoutez et notez a, b ou c pour remplir les blancs pour chaque personne. (1–3)

At the doctor's. Listen and note a, b or c to fill the gaps for each person.

Exemple: Aurélie **1** c

- ■ Bonjour, **Aurélie/Rémy/Chloé**.
- ● Bonjour, madame/monsieur.
- ■ Qu'est-ce qui ne va pas?
- ● J'ai (**1**) ――――― et (**2**) ―――――.
- ■ Tu as (**3**) ―――――. Je te fais une ordonnance. Va à la pharmacie. Il faut (**4**) ――――― (**5**) ―――――
- ● Est-ce qu'il faut rester au lit?
- ■ Non, mais tu ne peux pas aller au collège! Oui, il faut rester au lit.
- ● Merci. Au revoir, madame/monsieur.

1	(a) mal à la tête	(b) mal au ventre	(c) mal à la gorge
2	(a) j'ai vomi	(b) je tousse	(c) j'ai de la fièvre
3	(a) la grippe	(b) une gastrite	(c) un rhume
4	(a) prendre les comprimés	(b) sucer les pastilles	(c) prendre ce sirop
5	(a) 2× par jour	(b) 3× par jour	(c) 4× par jour

 6 Chez le médecin. Faites des dialogues. Adaptez le dialogue de l'exercice 5.

7 Qui écrit? Aurélie, Rémy ou Chloé?

Who is writing? Aurélie, Rémy or Chloé?

Je ne peux pas venir au collège aujourd'hui parce que …

1 … j'ai mal à la gorge et le médecin m'a fait une ordonnance pour acheter des pastilles.
2 … j'ai la grippe – je dois prendre des comprimés et rester au lit!
3 … j'ai une gastrite, j'ai vomi toute la nuit et le médecin m'a donné un sirop qui est vraiment dégoûtant!

8 Écrivez des textos à votre copain / votre copine.

Write text messages to your friend.

Je ne peux pas aller au collège aujourd'hui parce que …

1 Garder la forme
Talking about a healthy lifestyle
Using *il faut* to say 'you must/should'

1 C'est bon pour la santé ou pas? Pourquoi? Écoutez et notez en anglais. (1–11)

Exemple:
1 not healthy –
   full of sugar

1 les bonbons
2 le chewing-gum
3 les chips
4 les frites
5 les légumes
6 les noix
7 un hamburger
8 le chocolat
9 le coca
10 le poisson
11 les fruits

plein de vitamines/de calcium/de sucre – full of vitamins/calcium/sugar
le corps a besoin de protéines – the body needs protein

2 Reliez le conseil et la bonne image.

a b c d e f g h i

1 Il faut manger cinq fruits ou cinq légumes par jour.
2 Il ne faut pas manger trop de chips ou de bonbons.
3 Il faut se coucher de bonne heure.
4 Il faut boire plus d'eau.
5 Il ne faut pas prendre de drogue.
6 Il faut faire plus de sport.
7 Il ne faut pas prendre le bus; il faut marcher davantage.
8 Il ne faut pas fumer.
9 Il ne faut pas boire de boissons sucrées.

Expo-langue →→ *Grammaire 197*

You can use **il faut** with a noun.
Il faut **de la limonade**. – We need some lemonade.
You can also use it with a verb. This is in the infinitive.
Il faut **faire** plus de sport. – You must/ need to/should do more sport.
Il ne faut pas **fumer**. – You mustn't/ shouldn't smoke.

3 Écoutez. Qu'est-ce qu'il faut faire pour garder la forme?
Trouvez la bonne image de l'exercice 2. (1–9)

4 Lisez l'interview de Séverine et choisissez a, b ou c pour compléter chaque phrase.

● **Quel sport fais-tu?**	✳ Je fais du judo. Je suis championne junior de ma région.
● **Que fais-tu pour garder la forme?**	✳ Je fais une heure de fitness ou de jogging par jour et je mange sainement.
● **Fais-tu un régime?**	✳ Non, je mange beaucoup de fruits et de légumes. Je ne mange pas dans les fast-foods. J'évite les graisses et les sucreries.
● **Que bois-tu?**	✳ D'habitude, je bois de l'eau minérale. Quelquefois, je bois du coca quand je sors avec mes copains, mais je ne bois pas d'alcool.
● **Combien d'heures d'entraînement fais-tu?**	✳ Je fais une heure de judo trois fois par semaine et une heure de fitness ou de jogging chaque jour.
● **Quelles sont les qualités nécessaires pour être champion?**	✳ Il faut de la patience, de la concentration et de la discipline.
● **Fumes-tu?**	✳ Absolument pas. Dans notre club, c'est défendu de fumer, de boire de l'alcool ou de prendre des drogues.

1 Séverine est **(a)** sportive. **(b)** paresseuse. **(c)** timide.
2 Elle fait **(a)** du karaté. **(b)** du judo. **(c)** du tae-kwando.
3 Elle mange **(a)** des bonbons. **(b)** des fruits. **(c)** des gâteaux.
4 Elle boit **(a)** de l'eau. **(b)** de l'alcool. **(c)** beaucoup de coca.
5 Elle fait **(a)** quatre heures **(b)** trois heures
        (c) une heure et demie d'entraînement par semaine.
6 Pour réussir, il faut **(a)** se coucher tôt. **(b)** fumer. **(c)** être discipliné.

> un régime – diet
> éviter – to avoid
> les graisses (f) – fatty foods
> réussir – to succeed

 5 Écoutez. Que font Jérôme et Sarah pour garder la forme?
Copiez la grille et mettez J ou S dans la bonne case. (1–2)

		d'habitude	quelquefois	jamais
1	manger sainement			
2	boire de l'eau			
3	exercices physiques			
4	fumer			
5	se coucher tôt			

> sainement – healthily

6 À deux. Posez et répondez aux questions.
■ Que fais-tu pour garder la forme?
■ Manges-tu sainement?
■ Bois-tu beaucoup d'eau?
■ Fais-tu de l'exercice régulièrement?
■ À quelle heure tu te couches?

 7 Donnez des conseils à Adam et à Isabelle!
Adam, il ne faut pas … il faut …

Lire et écouter

lire 1 Qui est pour (P) et qui est contre (C)?

1
Je n'ai jamais fumé. Je trouve ça dégoûtant.

2
Les cigarettes coûtent très cher. À mon avis, c'est du gaspillage.

3
Selon moi, c'est déstressant! Je fume avec mes copains.

4
Selon moi, c'est stupide et je déteste l'odeur des cigarettes.

5
Je suis dépendante. Je trouve que fumer me donne confiance.

6
Ma tante a fumé et elle est morte d'un cancer des poumons.

écouter 2 Écoutez. Qui est pour (P) et qui est contre (C)? (1–5)

écouter 3 Réécoutez. Qu'est-ce qu'ils en pensent? Trouvez la bonne phrase pour chaque personne.

a C'est un gaspillage.
b C'est dégoûtant.
c C'est cool.
d C'est déstressant.
e Ça me donne confiance.
f C'est dangereux.

Listening for opinion

- Listen to the tone of voice. Do they sound as if they approve or disapprove?
- Listen for negative expressions using **ne ... pas**: Je **ne** pense **pas**.
- Listen for negative words: **dégoûtant**.
- Predict what might be said. Listen for words you would associate with this topic: **gaspillage** (waste), **cancer des poumons** (lung cancer).

lire 4 Lisez et trouvez la bonne personne.

1 Je fume depuis un an parce que presque tous les élèves de ma classe fument. **Kévin**

2 J'ai arrêté il y a six mois parce que c'est un gaspillage et on peut s'acheter quelque chose de mieux avec l'argent. **Amélie**

3 Je n'ai jamais fumé; ce n'est pas bon pour la santé et c'est cher! **Yann**

4 Je suis dépendante. Je sais que c'est mauvais pour la santé et j'ai arrêté plusieurs fois, mais j'ai toujours recommencé. **Karima**

5 Je ne veux même pas sortir avec quelqu'un qui fume. Je déteste l'odeur de la fumée sur les vêtements. **Thomas**

Who ...
a won't go out with someone who smokes?
b has stopped because it is too expensive?
c smokes because all the others do?
d wants to stop but can't?

lire 5 Les problèmes des jeunes. Lisez et trouvez la bonne personne.

1 À mon avis, le problème le plus grave, c'est l'alcoolisme. Beaucoup de jeunes dans ma classe boivent déjà trop.
Damien

2 Selon moi, le plus grand problème est la drogue. J'ai un copain qui prend quelque chose. Il était toujours rigolo, mais maintenant il est toujours de mauvaise humeur.
Lou

3 Je pense que le problème le plus grave, c'est l'anorexie. J'ai des copines qui sont très maigres parce qu'elles ont peur de grossir.
Charlotte

4 Il y a beaucoup de jeunes qui ne font pas assez d'exercice et qui mangent trop. L'obésité est le problème le plus répandu.
Vincent

Expo-langue

Giving your opinion

à mon avis/selon moi = in my opinion

À mon avis, le tabagisme est le problème le plus grave. = In my opinion, tobacco is the most serious problem.

Je pense que … = I think that …

Je pense que l'obésité est un problème aussi grave que l'anorexie. = I think that obesity is as bad a problem as anorexia.

1 _____ has a friend who is on drugs.
2 _____ thinks the biggest problem for young people is over-eating.
3 _____ knows lots of people who drink too much.
4 _____ has friends who are too skinny.

écouter 6 Quel est le problème le plus grave selon eux? (1–4)

a Gambling b Drugs c Alcohol d Anorexia e Obesity f Smoking

lire 7 Lisez et choisissez les mots qui manquent dans la liste ci-dessous.

Les problèmes des jeunes

Dans mon collège le problème le plus grave, c'est le (**1**) _____ . La plupart des élèves de ma classe (**2**) _____ .
Selon moi, personnellement, le problème le plus grave, c'est l'(**3**) _____ parce que les jeunes pensent que c'est cool et on se moque de vous si vous (**4**) _____ un jus d'orange. Mais le problème le plus dangereux est la drogue parce que quand on commence c'est très difficile d'arrêter.

Reading strategies

● Decide what sort of word goes in the gap. Is it a noun, a verb, an adjective, a connective?
● If there's an article (e.g. **le**, **un**, etc.) before the gap, then the missing word will probably be a noun – but it could be an adjective describing a noun.
● Look at the endings of the words to check whether they are verbs. Look at the verb tables for these – then learn them!
● If more than one word would fit, look at the context and work out the meaning of the missing word.

alcoolisme   buvez   fument
arrêter   tabagisme

lire **1** **Lisez et répondez aux questions.**

> Je ne veux pas me marier parce que je ne veux pas avoir d'enfants. Je veux devenir médecin et voyager. Je veux aller en Afrique et travailler pour Médecins Sans Frontières. Je veux une petite copine, mais pas une femme.
>
> François

> Plus tard, ma petite copine et moi, nous voulons louer un petit appartement, mais nous ne voulons pas de grand mariage parce que ça coûte trop cher. Plus tard, on veut avoir des enfants et se marier, mais d'abord, il faut gagner de l'argent!
>
> Nathan

> Plus tard, je veux trouver un petit copain riche. Je suis romantique. Je veux tomber amoureuse. Je veux porter une robe blanche, et être la princesse d'une journée, et puis avoir des enfants et vivre heureuse.
>
> Zoé

Expo-langue → *Grammaire* 197

To say what you want to do, use **je veux** + the infinitive.

Je **veux voyager.** = I want to travel.

1 Qui veut un grand mariage? Pourquoi?
2 Qui ne veut pas se marier? Pourquoi?
3 Qui ne veut pas de grand mariage? Pourquoi?

écouter **2** **Écoutez et notez. Qui veut se marier? (1–5)**

1 Christophe   2 Delphine   3 Audrey   4 Mélinda   5 Kévin

parler **3** **Qu'en pensez-vous? Discutez. Utilisez les textes de l'exercice 1.**

- ■ Es-tu romantique?
- ● **Oui, je suis romantique. / Non, je ne suis pas romantique.**
- ■ Veux-tu te marier plus tard?
- ● **Je veux / ne veux pas ... parce que je suis / j'aime / je n'aime pas ...**
- ■ Veux-tu un grand mariage?
- ● **Oui / Non, parce que ...**
- ■ Veux-tu avoir des enfants?
- ● **Oui / Non / Ça dépend.**

4 Trouvez les équivalents français de ces phrases anglaises dans les textes.

1 it's better
2 it's embarrassing
3 it's normal
4 it's not fair
5 it's not serious
6 it's romantic
7 it's sad

> *Mes parents sont divorcés. C'est mieux parce qu'ils se disputent quand ils sont ensemble.*

Luc

> *Mes parents se disputent tout le temps, mais je pense que c'est normal qu'on se dispute. Mon frère et moi, nous nous disputons tout le temps, mais ce n'est pas grave.*

Sylvie

> *Mes parents se sont séparés. J'habite chez ma mère, dans un petit appartement. J'en ai marre de mon père. Il a une grande maison et une petite amie. Ce n'est pas juste.*

Hakim

> *Les parents de mon copain se sont séparés. C'est triste, parce qu'il pense que c'est à cause de lui.*

Sébastien

> *J'habite chez ma mère et son nouveau petit copain. Ils sont toujours amoureux, ils s'embrassent tout le temps. C'est romantique, mais c'est gênant, surtout quand ils le font devant mes amis.*

Mathilde

J'en ai marre de … – I am fed up with …
nouveau – new

5 Indiquez les trois phrases qui sont correctes.

1 Luc n'habite pas chez ses parents.
2 Sylvie ne se dispute pas avec son frère.
3 Hakim n'aime pas son père.
4 Sébastien se dispute avec son copain.
5 Mathilde habite chez son nouveau petit copain.
6 Sylvie pense que les disputes en famille sont graves.
7 Mathilde n'aime pas quand sa mère et son copain s'embrassent devant ses amis.

6 L'histoire d'un mariage. C'est comment? Complétez les phrases.
The story of a marriage. What is it like? Complete the sentences.

1 Ils s'aiment. C'est …
2 Ils se marient. C'est …
3 Ils se disputent. C'est …
4 Ils se séparent. C'est …
5 Ils divorcent. C'est …
6 Son père se remarie.
   Ils ont un bébé. C'est …

 7 Répondez aux questions et écrivez un paragraphe: *Plus tard, …*

● Que veux-tu faire?
● Veux-tu tomber amoureux/amoureuse?
● Veux-tu te marier?
● Veux-tu avoir des enfants?

Controlled assessment presentation

Task

Prepare a presentation about your lifestyle. You could include:

● the sorts of foods you eat and whether they are healthy or unhealthy
● how you keep fit
● past eating habits
● your views on smoking, alcohol and drugs
● any plans you have to change your lifestyle.

1 You will hear a model presentation by a student, Maxine. In the first part of her presentation, she covers the first two bullet points in the task above. Here are some of the things she says. Which bullet point does each sentence refer to? Listen to check.

a Je ne fais pas beaucoup de sport.
b Je prends toujours un petit déjeuner.
c D'habitude, je ne mange pas entre les repas.
d Je vais à la piscine tous les samedis.
e Je mange une banane ou un sandwich.
f Je fais au moins deux heures d'exercice chaque semaine.

2 Listen again and answer the questions.

1 Maxine tells us that she does not eat too many chips or sweets. What expression does she use for 'too many'?
2 She says that she does not usually eat between meals. How does she say 'usually'?
3 Maxine use three time phrases when talking about how much exercise she gets, how often she goes swimming and how often her best friend plays tennis. What are they in French?

3 Listen to the second part of Maxine's presentation and fill in the gaps.

■ Je ne (**1**) ▭ pas, et je ne prends (**2**) ▭ de drogue. Je déteste les cigarettes – c'est (**3**) ▭ ! Mon père fume dix cigarettes (**4**) ▭, mais ma mère ne fume pas. Moi, je ne vais (**5**) ▭ fumer parce que le tabac donne le cancer. (**6**) ▭, vos vêtements sentent la fumée et c'est (**7**) ▭ !

● Merci, Maxine. Maintenant, je vais te poser quelques questions. Qu'est-ce que tu mangeais quand tu étais petite?

■ Selon ma mère, quand j'étais (**8**) ▭, je ne mangeais pas de légumes ou de salade.

● Et qu'est-ce que tu manges maintenant?

■ Maintenant, je (**9**) ▭ beaucoup de légumes et de fruits et j'adore la salade. Aujourd'hui, par exemple, j'ai (**10**) ▭ une salade et j'ai bu de l'eau minérale.

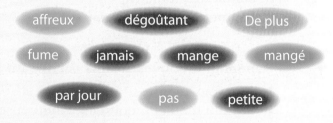

affreux   dégoûtant   De plus

fume   jamais   mange   mangé

par jour   pas   petite

4 Listen to the final part of Maxine's presentation and match her answers, a–c, to the teacher's three questions.

1 Est-ce que tu bois de l'alcool?
2 Vas-tu changer tes habitudes pour rester en forme à l'avenir?
3 Tu vas faire plus d'exercice?

a Je vais acheter moins de bonbons.
b Je vais faire une heure de jogging par semaine.
c Absolument pas.

5 Now it's your turn! Prepare your answers to the task, then give a presentation to your teacher or partner.

- Use ResultsPlus and the work you have done in Exercises 1–4 to help you.
- Make yourself a prompt sheet and practise your presentation until you are fluent.
- Record your presentation and play it to a partner. Discuss with your partner what questions the teacher could ask you about your presentation.

Award each other one star, two stars or three stars for each of these categories:
- pronunciation
- confidence and fluency
- range of tenses
- variety of vocabulary and expressions
- using longer sentences
- taking the initiative.

What do you need to do next time to improve your performance?

ResultsPlus

 Get the basics right!
- Use the **present tense** correctly to say what you normally do: *je mange* (I eat), *je bois* (I drink), *je joue* (I play), *je ne fume pas* (I don't smoke).
- Express some simple **opinions** using *C'est …* (It is …) plus an adjective, e.g. *affreux* (awful), *dégoûtant* (disgusting), *important* (important).

 To achieve a Grade C, you need to include different tenses and expressions.
- Maxine uses the **near future tense** to describe what her plans are: *Je vais acheter moins de bonbons.* She uses the **perfect tense** to tell us what she has already eaten: *J'ai mangé une salade.*
- Try to make longer sentences by using **connectives**. Here are some examples of connectives used by Maxine: *mais* (but), *et* (and), *parce que* (because), *quand* (when).
- Add some **time phrases**: *tous les samedis* (every Saturday), *deux heures par semaine* (two hours a week), *d'habitude* (usually), *régulièrement* (regularly), *par jour* (per day).

 To increase your marks:
- use **comparatives**: *plus … que* and *moins … que*. Notice how Maxine tells us that her friends are more sporty than her: *Mes copains sont **plus** sportifs **que** moi*
- use some more complex **negative expressions**, e.g. *Je **ne** vais **jamais** fumer* (I am never going to smoke).

Épate l'examinateur!

- To really impress the examiner, borrow these expressions from Maxine: *Absolument pas!* (Absolutely not!), *Pour moi, la santé est très importante* (For me, my health is very important), *Selon ma mère, …* (According to my mum, …).

La forme

Je fais des efforts pour garder la forme. Je ne fais pas de régime particulier, mais je fais des efforts pour manger sainement et je ne fume pas.

Au petit déjeuner, je mange des céréales et je bois un jus d'orange.

D'habitude, à midi je déjeune à la cantine. Le repas est équilibré, il y a de la salade, un plat et un dessert et je bois de l'eau. Malheureusement, les frites du self sont délicieuses et j'en mange trop.

Le soir, au dîner, je mange une soupe, du pain, de la salade, du jambon, du fromage, un fruit et un dessert et je me couche tôt.

Le mercredi, je vais à la piscine et puis je joue au basket ou au volley au centre sportif. Le week-end, je sors avec mon copain. On fait une balade à vélo ou on promène le chien.

La semaine dernière, j'ai fait un stage de yoga au centre de loisirs. C'était super. J'y vais encore une fois cette semaine. À partir de maintenant, je vais essayer de faire plus de sport. Le yoga, c'est très bon pour garder la forme et il y a plein de garçons qui en font.

Yvette

1 Find the French equivalent of these phrases in the text and copy them out.

1 I don't follow a particular diet
2 I don't smoke
3 I have lunch in the canteen
4 I go to bed early
5 We go for a bike ride
6 I am going there again this week
7 I am going to try
8 There are lots of boys who do it.

2 This is about what you do to keep fit, so most of the verbs are in the first person (*je*). Make a list of all the verbs in the *je* form in the text.

3 Find the four correct statements.

1 She tries to eat healthily.
2 She doesn't have any breakfast.
3 She has lunch in the school canteen.
4 She only drinks herbal tea.
5 She loves chips.
6 She doesn't like exercise.
7 She did a yoga course last week.
8 There aren't any boys on the course.

Controlled assessment practice

4 You might be asked to write about keeping fit as a controlled assessment task. Use ResultsPlus to help you prepare.

ResultsPlus

 Make sure you cover the basics in your written assessment.
- Use a variety of different verbs in the **present tense** to say what you do. Make sure you get the **verb endings** right! Look at Exercise 2.
- Use the correct **gender**, e.g. *le repas, un plat, un fruit, un dessert*.
- Give a simple **opinion** by using *c'est* + an adjective, e.g. Yvette says *C'est très bon pour …* (It's very good for …).

 To achieve a Grade C, show that you can use different tenses and structures correctly. Use:
- the **perfect tense** to say what you did on one occasion in the past: *La semaine dernière, j'**ai fait** un stage de yoga*
- the **near future** to say what you are going to do: *Je **vais essayer** de faire plus de sport*
- **negative statements**: *Je **ne** fume **pas***
- **time expressions**: *au petit déjeuner* (at breakfast), *à midi* (at midday), *le soir* (in the evening), *le mercredi* (on Wednesdays), *le week-end* (at the weekend)
- **connectives**: *et* (and), *mais* (but), *ou* (or), *pour* (for/in order to).

 To increase your marks, use:
- **adverbs**: *d'habitude* (usually), *malheureusement* (unfortunately)
- the correct **spelling**. In particular, watch out for words which end in a silent *–s*: *le repas, des céréales, les frites*.

Épate l'examinateur!

- To really impress your examiner, use the phrase *à partir de maintenant* (from now on) + the near future (*aller* + infinitive): *À partir de maintenant, je vais arrêter de fumer.*

5 Now write about what you do to keep fit.

- Use or adapt phrases from Yvette's text.
- If you have to look up words in a dictionary, make sure you choose the right translation! Look carefully at any examples given. Cross-check by looking the French word up in the French–English part of the dictionary.
- Structure your text carefully in paragraphs.

Introduction

Outline what you do to be healthy.

Main section

What do you eat on a normal day? What exercise do you do in a normal week? Mention something special that you have done in the past.

Conclusion

Say what your plans are for the future. Say what you intend to do to improve the situation (if you need to).

Check what you have written carefully. Check:

- spelling and accents
- gender and agreement
- verb endings for the different persons: *je fais/on fait*
- use of tenses (perfect and near future).

Bon appétit! — Enjoy your meal!

Pour le petit déjeuner ...	For breakfast ...
Pour le repas de midi ...	For lunch ...
Pour le goûter ...	For a snack ...
Pour le dîner ...	For dinner ...
Je mange ...	I eat ...
des céréales (f)	cereal
une tartine	a slice of bread and butter
du pain	bread
du pain grillé	toast
Je bois ...	I drink ...
du café	coffee
du chocolat chaud	hot chocolate
du jus d'orange	orange juice
du lait	milk
du thé	tea
Je ne mange pas de yaourt.	I don't eat yogurt.
Je ne bois pas de thé.	I don't drink tea.
du fromage	cheese
du jambon	ham
du pâté	pâté
du poisson	fish
du poulet	chicken
du riz	rice
de la pizza	pizza
de la salade	lettuce/salad
de la soupe	soup
de la viande	meat
des carottes (f)	carrots
des champignons (m)	mushrooms
des chips (f)	crisps
des frites (f)	chips
des haricots (m) verts	green beans
des légumes (m)	vegetables
des œufs (m)	eggs
des oignons (m)	onions
des petits pois (m)	peas
des pâtes (f)	pasta
des pommes de terre (f)	potatoes
un hamburger	a burger
des fraises (f)	strawberries
des framboises (f)	raspberries
des raisins (m)	grapes
un fruit	a piece of fruit
un yaourt	a yogurt
une banane	a banana
une orange	an orange
une pomme	an apple
une mousse au chocolat	chocolate mousse

Le corps — The body

le bras	arm
le coude	elbow
le doigt	finger
le dos	back
le genou	knee
le nez	nose
le pied	foot
le ventre	stomach
la gorge	throat
la jambe	leg
la main	hand
la tête	head
l'épaule (f)	shoulder
les dents (f)	teeth
les oreilles (f)	ears

Ça ne va pas — It hurts

J'ai ...	I've got ...
mal à la tête	a headache
mal au dos	a sore back
mal à l'épaule	a sore shoulder
mal aux dents	toothache
de la fièvre	a fever
la grippe	flu
un rhume	a cold
une gastrite	an upset stomach
Je tousse.	I'm coughing.
J'ai vomi.	I've been sick.
Il faut ...	You need to ...
rester au lit	stay in bed
prendre des comprimés (m)	take some pills
prendre du sirop	take some syrup
sucer des pastilles (f)	suck some throat sweets
deux/trois/quatre fois par jour	twice/three times/four times a day

Garder la forme

Keeping in good shape

Que fais-tu pour garder la forme?	*What do you do to keep in good shape?*
Je mange (sainement).	*I eat (healthily).*
Je bois (beaucoup d'eau).	*I drink (lots of water).*
Je (ne) fume (pas).	*I (don't) smoke.*

Je fais de l'exercice (régulièrement).	*I exercise (regularly).*
Je me couche (tôt).	*I go to bed (early).*
Il faut ...	*You should ...*
manger sainement	*eat healthily*
se coucher tôt	*go to bed early*

Les problèmes

Problems

Je n'ai jamais fumé.	*I've never smoked.*
C'est dégoûtant.	*It's disgusting.*
Les cigarettes coûtent très cher.	*Cigarettes are very expensive.*
C'est un / du gaspillage.	*It's a waste.*
C'est déstressant.	*It relaxes you.*
Je déteste l'odeur des cigarettes.	*I hate the smell of cigarettes.*
Je suis dépendant(e).	*I'm addicted.*
Ça me donne confiance.	*It gives me confidence.*
Je fume avec mes copains.	*I smoke with my friends.*
Je le trouve ...	*I think it's ...*
mourir d'un cancer des poumons	*to die of lung cancer*

Ce n'est pas bon pour la santé.	*It's not good for your health.*
Je fume depuis (un an).	*I've been smoking for (a year).*
J'ai arrêté il y a (six mois).	*I gave up (six months) ago.*
Selon moi/À mon avis ...	*In my opinion, ...*
le problème le plus grave	*the most serious problem*
l'alcoolisme (m)	*alcoholism*
le tabagisme	*tobacco/smoking*
la drogue	*drugs*
l'anorexie (f)	*anorexia*
l'obésité (f)	*obesity*

Veux-tu te marier?

Do you want to get married?

Je (ne) suis (pas) romantique.	*I am (not) romantic.*
Je veux ...	*I want ...*
me marier plus tard	*to get married in the future*
tomber amoureux/euse	*to fall in love*
avoir des enfants	*to have children*
devenir (médecin)	*to become (a doctor)*
trouver un petit copain riche	*to find a rich boyfriend*

avoir un grand mariage	*to have a big wedding*
Il faut gagner de l'argent.	*You need to earn some money.*
Ça dépend.	*It depends.*
Je ne veux pas me marier.	*I don't want to get married.*
Je ne veux pas avoir d'enfants.	*I don't want to have children.*
Je ne veux pas de grand mariage.	*I don't want to have a big wedding.*

1 On peut le faire! Discussing world issues
Saying how we can help using *on peut*

1 Écoutez. On parle des problèmes du monde. Trouvez la bonne photo pour chaque personne. (1–5)

Exemple: 1 d

1 Tariq 2 Éléa 3 Jade 4 Mathis 5 Blanche

a **le sida** b **la pauvreté** c **la guerre** d **la faim** e **le terrorisme**

 When listening, you don't always need to understand everything people say! What key words do you need to listen out for in Exercise 1?

2 Lisez et complétez ces phrases avec un des problèmes de l'exercice 1.

Exemple: 1 La faim

1 Il y a des milliers de gens qui n'ont pas assez à manger. _____, c'est un scandale!
2 En Afrique, beaucoup de gens sont malades ou morts à cause de ça. C'est affreux, _____.
3 Le onze septembre 2001, à New York; le sept juillet 2005, à Londres: _____ représente un très grand danger.
4 Un problème sérieux, c'est _____. Il y a trop de gens dans le monde qui n'ont pas assez d'argent.
5 Il y a trop de violence dans le monde. Tous les jours, des gens meurent à cause de _____.

 Look for words you recognise or can work out to help you do this exercise. What clues do the following words give you?
manger malade le onze septembre argent violence

lire **3** Relisez les phrases de l'exercice 2 et trouvez ces mots en français.

1 people (*in four of the sentences*)   3 dead (*in one of the sentences*)
2 world (*in two of the sentences*)   4 (they) die (*in one of the sentences*)

écouter **4** Qu'est-ce qu'on peut faire pour aider? Écoutez et mettez les phrases dans le bon ordre. (1–6)
What can we do to help? Listen and put the sentences into the right order.

Exemple: 1 d

a On peut parrainer un enfant à l'étranger.

b On peut organiser des activités pour collecter de l'argent au collège.

c On peut écrire au gouvernement pour demander plus d'argent pour les pays en voie de développement.

d On peut acheter des produits issus du commerce équitable.

e On peut donner plus d'argent aux bonnes causes.

parrainer – to sponsor

f On peut faire du bénévolat en Afrique ou en Inde.

Expo-langue →→→→ *Grammaire* **197**

You use **on peut** + the infinitive to say what we can do.

On peut donner de l'argent aux bonnes causes. = We can give money to good causes.

parler **5** À deux. Discutez avec votre partenaire. Changez les détails en bleu.

- ■ À ton avis, quel est le plus grand problème dans le monde?
- ● À mon avis, c'est le sida.
- ■ Qu'est-ce qu'on peut faire pour aider?
- ● On peut parrainer un enfant à l'étranger.
- ■ Oui, et on peut aussi écrire au gouvernement pour demander plus d'argent pour les pays en voie de développement.

écrire **6** Écrivez des réponses aux questions. Utilisez des phrases de l'exercice 4.

Exemple: 1 On peut donner plus d'argent aux bonnes causes.

À ton avis, qu'est-ce qu'on peut faire pour …
1 aider les pays en voie de développement?
2 arrêter la faim?
3 combattre le sida?
4 arrêter la pauvreté?

arrêter – to stop
combattre – to fight

écouter 1 Quels sont les problèmes à Nulleville? Trouvez la bonne phrase pour chaque image. Puis écoutez pour vérifier. (1–6)

Exemple: 1 d

a Il n'y a qu'un bus par jour.

b Il n'y a pas de poubelles et pas de centres de recyclage.

c Il n'y a jamais de police dans la rue.

d Il n'y a pas assez de travail.

e Il n'y a plus de cinéma et plus de club des jeunes.

f Il n'y a rien pour les jeunes.

écrire 2 Trouvez la bonne phrase de l'exercice 1 pour chaque phrase ci-dessous. Copiez les paires de phrases.

Exemple: 1 Le problème, c'est le chômage.
　　　　　Il n'y a pas assez de travail.

1 Le problème, c'est le chômage.
2 Le problème, c'est les transports en commun.
3 Le problème, c'est que les jeunes s'ennuient.
4 Le problème, c'est la criminalité.
5 Le problème, c'est les déchets.
6 Le problème, c'est les distractions.

| s'ennuient – (they) get bored |
| les déchets (m) – rubbish, litter |

parler 3 À deux. Parlez de votre ville ou de votre village. Complétez le dialogue.

■ Quels sont les problèmes dans ta ville / ton village?

● Le problème dans ma ville / mon village, c'est … Il n'y a … Et toi? Quels sont les problèmes dans ta ville / ton village?

■ Le problème … Il n'y a …

Expo-langue →→   Grammaire 198

In French, negative expressions are usually in two parts:

Il **n**'y a **pas** de poubelles.
= There **aren't** any rubbish bins.

Il **n**'y a **rien** pour les jeunes.
= There's **nothing** for young people.

Il **n**'y a **plus** de cinéma.
= There's **no** cinema **any more**.

Il **n**'y a **qu**'un bus par jour.
= There's **only** one bus a day.

Il **n**'y a **jamais** de police.
= There are **never** any police.

pas assez de means 'not enough of':
Il **n**'y a **pas assez** de travail.
= There's not enough work.

4 Lisez les textes et trouvez le problème que chaque personne a mentionné.

1

Moi, j'habite dans un grand bâtiment qui s'appelle une HLM. Mon appartement est confortable, mais il n'y a pas de parc et pas de terrain de foot, donc les enfants jouent dans la rue et c'est dangereux.
Farid

2

Ma maison se trouve en banlieue, à douze kilomètres du centre-ville. Il n'y a que deux autobus par jour pour aller au centre, donc il y a trop de circulation parce que tout le monde va au travail en voiture.
Célia

3

Moi, j'habite depuis deux ans à la campagne. L'air n'est pas pollué, donc je ne souffre plus d'asthme. Mais il n'y a pas de cinéma et pas de boîte dans notre village et le samedi soir, c'est ennuyeux. Et le dimanche, on ne voit personne!
Pascal

la pollution

les transports en commun

le recyclage

les distractions

pas d'espaces verts

 Use familiar words and context to help you work out meanings.
- To work out **pollué**, use your knowledge of other words like it (**pollution**). Use the sentence structure too: what kind of word is **pollué** – noun, adjective or verb?
- To work out **circulation**, use the context. Look at the rest of the sentence: **parce que tout le monde va au travail en voiture**.

5 Vidéoconférence. Préparez votre réponse à ces questions. Utilisez des phrases des textes ci-dessus et les phrases de la case, si vous voulez.

- ■ Tu habites en ville ou à la campagne?
- ■ Aimes-tu habiter là-bas? Pourquoi (pas)?
- ■ Quels sont les avantages?
- ■ Quels sont les problèmes?

Moi, j'habite en banlieue, à huit kilomètres du centre-ville. J'aime bien habiter là-bas parce que c'est …
Le problème, c'est que …

J'habite en ville / en banlieue / à la campagne.	I live in town / in the suburbs / in the country.
J'aime / Je n'aime pas y habiter parce que …	I like / don't like living there because …
C'est trop loin de … / Ce n'est pas loin de …	It's too far from … / It's not far from …
Il (n')y a (pas) beaucoup de …	There is (not) a lot of …
C'est trop tranquille / bruyant.	It's too quiet / noisy.
Il y a trop de …	There's too much …
Il n'y a pas assez de …	There's not enough …

 6 Écrivez un paragraphe sur votre ville ou votre village.
Utilisez vos réponses aux questions de l'exercice 5.

D Écoutez et trouvez les deux bonnes phrases pour chaque personne. (1–4)

Exemple: 1 c, ...

Pour protéger l'environnement...

✗ Il ne faut pas ...

a  gaspiller l'énergie

b  gaspiller l'eau

c  jeter tous les déchets à la poubelle

d  trop utiliser la voiture

✔ Il faut ...

e  économiser l'énergie

f  économiser l'eau

g  recycler le papier, le verre et les boîtes en métal

h  utiliser les transports en commun ou le vélo

2 À deux. Lisez les phrases. À votre avis, c'est bon ou c'est mauvais pour l'environnement?

■ «Je ne prends pas de douche. Je prends un bain.» C'est bon ou c'est mauvais pour l'environnement?
● À mon avis, c'est mauvais. Tu es d'accord?
■ Oui, je suis d'accord.

> au lieu de – instead of
> vide – empty
> j'éteins la lumière – I switch off the light
> la canette – can

1 Je ne prends pas de douche. Je prends un bain.
2 Le samedi, je vais au centre-ville à pied.
3 Si j'ai froid, je mets un pull au lieu de monter le chauffage central.
4 Je jette les journaux et les bouteilles vides à la poubelle.
5 Quand je quitte une pièce, j'éteins la lumière.
6 Si je mange une pizza et je bois un coca, je recycle la boîte en carton et la canette.

écouter **3** Écoutez et vérifiez. (1–6)

parler **4** À deux. Qu'est-ce que vous faites pour protéger l'environnement? Discutez.

■ Qu'est-ce que tu fais pour l'environnement?
● Je recycle les bouteilles, les canettes et les magazines.
■ C'est bon pour l'environnement, ça. Il faut recycler le plus possible.
● Qu'est-ce que tu fais aussi?
■ Je … Et toi, qu'est-ce que tu fais pour l'environnement?
● Je …

By now, you should know enough about French grammar to be able to change and adapt sentences confidently and correctly.

Je ne **prends** pas de bain. Je **prends** une douche. → Il ne faut pas **prendre** de bain. Il faut **prendre** une douche.

Si je **bois** un coca, je **recycle** la canette. → Si je **vais** en ville, je **prends** le bus.

You can adapt some of the sentences from Exercise 2 to talk about ways of protecting the environment mentioned in Exercises 4 and 6.

lire **5** Lisez le texte et choisissez a, b ou c pour compléter chaque phrase.

Le réchauffement de la planète: que faire?

Pour arrêter le réchauffement de la planète, il faut d'abord arrêter la pollution. Les voitures, l'industrie et la production d'énergie (par exemple, d'électricité) produisent des gaz qui causent la pollution de l'air. Donc, il faut moins utiliser la voiture, utiliser plus de filtres industriels et changer de sources d'énergie (par exemple, utiliser plus d'énergie solaire). Dans l'agriculture aussi, on peut faire quelque chose. L'agriculture bio n'utilise pas de produits chimiques qui empoisonnent la terre. Donc il faut acheter des produits bio au supermarché, comme les fruits et les légumes. Il y a aussi des produits verts (par exemple, le liquide vaisselle), qui sont meilleurs pour l'environnement.

1 La pollution cause ▬▬▬▬▬.
   (a) de l'industrie   (b) des produits bio   (c) le réchauffement de la planète
2 Il ne faut pas trop ▬▬▬▬▬ la voiture.
   (a) changer   (b) utiliser   (c) arrêter
3 L'énergie solaire est ▬▬▬▬▬ pour l'environnement.
   (a) mauvaise   (b) ennuyeuse   (c) bonne
4 Il faut acheter des ▬▬▬▬▬ bio au supermarché.
   (a) voitures   (b) fruits et des légumes   (c) douches
5 On peut acheter aussi des produits ▬▬▬▬▬.
   (a) verts   (b) noirs   (c) rouges

écrire **6** Écrivez et dessinez un poster (sur ordinateur, si possible) sur la protection de l'environnement.

Comment protéger l'environnement

Il faut arrêter la pollution! Il faut aller au collège à pied ou à vélo ou il faut utiliser les transports en commun.

Il ne faut pas gaspiller l'eau. Il faut prendre …

lire 1 Trouvez le bon texte pour chaque image.

Exemple: 1 e

1

2

3

4

5

6

a Après les cours, j'ai fait des courses; j'ai acheté des chips, des bonbons et du chocolat parce que j'adore ça.

b J'ai reçu un nouveau portable comme cadeau d'anniversaire, donc j'ai jeté mon vieux portable à la poubelle.

c Les transports en commun sont nuls, donc je suis allée au collège en voiture.

d Le soir, j'ai regardé la télé. Il y avait une émission sur le réchauffement de la planète.

e Hier, c'était mon anniversaire. Le matin, j'ai pris un bain parce que je n'aime pas les douches.

f Au supermarché, j'ai utilisé des sacs en plastique pour mes achats.

écouter 2 Écoutez et vérifiez.

écrire 3 Copiez et complétez la grille avec les verbes et les phrases au passé composé [*perfect tense*]. Utilisez les textes de l'exercice 1.

infinitive	perfect tense		phrase in the text
acheter (to buy)	*j'ai acheté*	(I bought)	J'ai acheté des chips.
aller (to go)		(I went)	
faire (to do)		(I did)	
jeter (to throw)		(I threw)	
prendre (to take)		(I took)	
regarder (to watch)		(I watched)	
recevoir (to receive/get)		(I received/got)	
utiliser (to use)		(I used)	

4 Lisez et complétez l'histoire d'Écofille. Utilisez les mots en-dessous.

Exemple: **1** j

Après l'émission sur le réchauffement de la planète, je vais changer des choses dans ma vie! Je vais devenir Écofille!

Demain matin, je vais prendre une (**1**) _____ au lieu de prendre un bain parce qu'il (**2**) _____ économiser l'eau. Je vais (**3**) _____ au collège en voiture, mais je vais partager la voiture avec d'autres personnes. Au supermarché, je (**4**) _____ acheter des produits (**5**) _____. Je vais (**6**) _____ un sac en toile pour mes achats parce que le plastique n'est pas biodégradable. Et je vais recycler mon vieux (**7**) _____ chez Oxfam. On va envoyer mon portable dans un (**8**) _____ en voie de développement. C'est chouette, non?

a faire **b** portable **c** l'énergie **d** aller **e** bios

f vais **g** utiliser **h** pays **i** faut **j** douche

Expo-langue →→→→

Grammaire **190**

Remember: to talk about the future, you use the near future tense – **aller** (**je vais**, **tu vas**, etc.) followed by an infinitive.

Je **vais recycler** mon portable. = I'm going to recycle my mobile.
On **va envoyer** mon portable en Afrique. = They're going to send my mobile to Africa.

---

5 Écoutez. On parle du passé, du présent ou du futur? Écrivez PA (passé), PR (présent) ou F (futur). (1–8)

- Listen for the tense of each verb.
  Perfect: **j'ai recyclé** (I recycled)
  Present: **je recycle** (I recycle)
  Near future: **je vais recycler** (I am going to recycle)
- Remember: time phrases such as **hier** (yesterday), **tous les jours** (every day) and **demain** (tomorrow) also tell you whether someone is talking about the past, present or future.

6 Vidéoconférence. Préparez vos réponses à ces questions.

- Qu'est-ce que tu fais pour protéger l'environnement?
- Qu'est-ce que tu as fait pour l'environnement la semaine dernière?
- Qu'est-ce que tu vas faire pour l'environnement plus tard?

Tous les jours, je prends une douche au lieu de prendre un bain pour économiser l'eau, et je vais au collège à/en … Je recycle … aussi.
Hier, j'ai acheté/recyclé/utilisé … Je suis allé(e) …
Plus tard, je vais aller/acheter/recycler/mettre …

7 Écrivez un paragraphe: *L'environnement et moi.*

Exemple: Tous les jours, je … Hier, j'ai / je suis … / Demain, je vais …

Controlled assessment picture discussion

Task

Prepare a discussion based on a photograph of an environmental disaster or issue. You could include:
- why you chose the picture
- problems caused by the environmental disaster and reasons for it
- what can be done about environmental problems
- what you do for the environment
- what you plan to do in the future for the environment
- what you do to conserve energy/water
- environmental issues in your town/area.

1 You may be asked why you have chosen this photo. Prepare three possible ways of answering the question *Pourquoi as-tu choisi cette photo?* Start your answer: *J'ai choisi cette photo parce que ...* (I have chosen this photo because ...).

2 You will hear a model discussion between Rachel and her teacher, based on the photograph above. Listen to the first part of the discussion and match the beginnings and endings of these sentences.

1 Notre maison est ...	**a** ... et je recycle le verre et les boîtes.
2 Les inondations étaient ...	**b** ... je m'intéresse beaucoup à l'environnement.
3 Je vais toujours au collège à pied ...	**c** ... près de la rivière.
4 J'ai choisi cette photo parce que ...	**d** ... des inondations dans notre village.
5 Cette photo est une photo ...	**e** ... l'année dernière au mois de novembre.

3 Listen to the question-and-answer section of the discussion and fill in the gaps.

- ■ Qu'est-ce que tu vas faire pour aider l'environnement à l'avenir?
- ● Je **(1)** _____ essayer d'acheter des produits **(2)** _____ et je vais baisser le chauffage et **(3)** _____ un pull. À mon avis, on **(4)** _____ l'énergie.
- ■ Qu'est-ce que tu fais pour ne pas gaspiller l'énergie et l'eau?
- ● Je **(5)** _____ le robinet quand je me brosse **(6)** _____ dents et je **(7)** _____ douche au lieu de prendre un bain.
- ■ Il y a des problèmes écologiques dans ta ville?
- ● Moi, j'habite dans un petit village. **(8)** _____ seulement un bus par jour pour aller en ville et il n'y a **(9)** _____ de gare. **(10)** _____ tout le monde va au travail ou au collège en voiture.

ferme

gaspille

Il y a

les

me

mettre

Par conséquent

vais

pas

verts

4 Now listen to the final part of Rachel's discussion and answer the questions.

1 Rachel uses a negative expression *Il n'y a pas de …* (There are no …). What are there none of in the village, and what problems does this cause?

2 What adjective does she use to describe the river?

3 Rachel suggests two different ways of improving the situation. Using ResultsPlus to help you, say what they are.

4 What is Rachel intending to do herself?

5 Now it's your turn! Choose a photograph showing an environmental issue and prepare a discussion about it.

- Use ResultsPlus and the work you have done in Exercises 1–4 to help you.

- Look back through the module for more ideas.

- Practise your discussion with a partner, using your photograph until you feel confident. When you are practising, you might want to prepare some prompt cards to help you remember what to talk about. These could be visuals.

- Consider how the discussion might develop and try to prepare appropriate answers. Remember to include a range of tenses.

Award each other one star, two stars or three stars for each of these categories:

- pronunciation
- confidence and fluency
- range of tenses
- variety of vocabulary and expressions
- using longer sentences
- taking the initiative.

What do you need to do next time to improve your performance?

 ResultsPlus

 Get the basics right!
- Use **simple verbs** in the present tense correctly: *Il y a …* (There is/There are …), *Notre maison est …* (Our house is …), *Je vais …* (I go/I am going …), *J'espère …* (I hope …).
- Make sure you know the **basic nouns and verbs** connected with the environment. For example: *les déchets* (rubbish), *nettoyer* (to clean), *l'environnement* (the environment), *l'énergie* (energy).

 To achieve a Grade C, you need to show you can use a variety of tenses, structures and expressions. Rachel uses:
- the **present tense** to talk about what she does for the environment nowadays: *je recycle …* (I recycle …)
- the **perfect tense** to talk about the flooding last year: *La rivière a inondé le village* (The river flooded the village)
- the **near future** to talk about what she is intending to do: *je vais écrire …* (I am going to write …)
- a variety of ways of **expressing opinions**: *À mon avis …*, *Selon moi …* (In my opinion …)
- **il faut** + infinitive to say what must be done: *Il faut installer plus de poubelles dans le parc* (You must install more rubbish bins in the park).

 To increase your marks, you should:
- use **reflexive verbs**, e.g. *je me brosse les dents* (I brush my teeth), *je me douche* (I have a shower), *je m'intéresse à…* (I am interested in …)
- use **intensifiers** to add emphasis to opinions. Rachel uses *assez* (quite), *très* (very) and *vraiment* (really).

Épate l'examinateur!

- Impress the examiner by copying Rachel's expression ***On devrait …*** (They ought to): *On devrait aussi payer des gens pour nettoyer le parc et la rivière* (They also ought to pay people to clean the park and the river).

Controlled assessment practice

Un problème environnemental

Madame/Monsieur

Le week-end dernier, je suis allé faire un pique-nique avec ma famille au Lac des Roseaux. C'était dégoûtant.

D'abord, il y avait des déchets sur l'herbe: des papiers, des boîtes, des bouteilles, du fast-food, etc. Moi, j'aime aller à la pêche, mais j'ai vu beaucoup de poissons morts dans l'eau. À mon avis, l'eau est polluée à cause des jet-skis sur le lac.

C'est un désastre environnemental et il faut faire quelque chose. Le week-end prochain, je vais aller au lac avec mes copains. On va ramasser tous les déchets. On va recycler les boîtes, les bouteilles, le papier, etc. et on va jeter le reste. Mais l'administration locale doit aussi faire quelque chose.

Premièrement, il faut arrêter les sports nautiques sur le lac pour protéger les poissons, les grenouilles et les oiseaux.

Deuxièmement, il faut installer des poubelles et des containers de recyclage près du lac.

Troisièmement, il faut nettoyer le lac régulièrement.

J'espère qu'on va faire tout ça et que le lac des Roseaux va devenir un endroit agréable pour tout le monde.

Nicolas Godard

ramasser – to pick up
les grenouilles (f) – frogs
devenir – to become

1 **Find the French equivalent of these phrases in the text and copy them out.**

  1 with my family
  2 it was disgusting
  3 there was rubbish on the grass
  4 I saw lots of dead fish
  5 it's an environmental disaster
  6 we/you must do something
  7 the local council
  8 you must clean the lake regularly
  9 I hope that you will do all of this
  10 a pleasant spot for everybody

2 **Which phrase from Exercise 1 is in the perfect tense? Which two are in the imperfect tense?**

3 **Find the four correct statements.**

  1 Nicolas went to the lake for a picnic.
  2 He went fishing in the lake.
  3 He thinks the lake has been polluted by factories.
  4 Nicolas and his friends are going to the lake to pick up rubbish
  5 Nicolas wants to do water sports on the lake.
  6 He wants the wildlife on the lake to be protected.
  7 He wants the council to put rubbish bins near the lake.
  8 He does not think recycling bins are necessary.

4 You might be asked to write about environmental problems as a controlled assessment task. Use ResultsPlus to help you prepare.

ResultsPlus

Make sure you cover the basics.
- ◆ Use **simple words and structures** correctly, e.g. *j'aime* + infinitive (I like –ing), *c'est* (it is), *avec* (with).
- ◆ Take care to use the correct word for '**the**' or '**a**' with nouns (e.g. *le lac*, *un pique-nique*) and use *les* for 'the' if the word is plural: *les poissons* (the fish).
- ◆ Give a simple **opinion**. One way of doing this is to use *c'est* (e.g. *C'est un désastre environnemental*). Or you can start with *à mon avis* (in my opinion), e.g. *À mon avis, l'eau est polluée*.
- ◆ Join your sentences with **connectives**. Look at how Nicolas uses *et* (and), *mais* (but) and *aussi* (also).

To achieve a Grade C, you need to use the main tenses correctly. Look at how Nicolas does this. He uses
- ◆ the **present tense** to say what he likes doing: *J'aime aller à la pêche* (I like going fishing)
- ◆ the **perfect tense** to say what he did: *Je suis allé …* (I went …), *J'ai vu …* (I saw …)
- ◆ the **near future** to say what he and his friends are going to do: *Je vais aller au lac* (I'm going to go to the lake), *On va recycler …* (We're going to recycle …)
- ◆ *il faut* + infinitive to say what must be done: *Il faut nettoyer le lac* (You must clean the lake).

To increase your marks:
- ◆ check that all your **plural forms** are correct, e.g. *les poisson**s**, les oiseau**x***
- ◆ use *beaucoup de*, meaning 'lots of'
- ◆ make sure your **adjectives** agree with the nouns, as here in the plural: *beaucoup de poisson**s** mort**s***.

Épate l'examinateur!

- ◆ If you have a list of complaints or things that need doing, try using *premièrement* (firstly), *deuxièmement* (secondly), *troisièmement* (thirdly). This will impress your examiner, especially if you spell them correctly!

5 Now write a letter to a French newspaper about an environmental problem or problems you have seen during a visit to France (it can be imaginary if you wish).

- ● Adapt phrases from Nicolas's text.
- ● Write in paragraphs using a logical structure (see the blue box).
- ● Here are some useful phrases for your conclusion: *améliorer la situation* – to improve the situation; *résoudre le problème* – to solve the problem.

Introduction

Say how the problem came to your attention. Did you see it yourself, read about it or see it on TV?
Say when you first came across the problem and where.
Give your reactions to what you saw, read or heard.

Main paragraphs

Say what you personally are going to do about it.
Say what you want other people to do.
Say what must be done.

Conclusion

Finish on a positive note, summarising your hopes.

Check what you have written carefully:
- ● spelling and accents (especially tricky words like *environnemental*)
- ● singular/plural (e.g. *le papier*, *les bouteille**s***)
- ● adjective agreement (e.g. *le lac est pollué*; *l'eau est polluée*)
- ● formation of tenses, especially the perfect tense: *j'ai vu/fait/ été* (etc.), BUT *je **suis** allé(e)*.

Les problèmes mondiaux | *World problems*

le sida	*AIDS*
le terrorisme	*terrorism*
la faim	*hunger*
la guerre	*war*
la pauvreté	*poverty*
On peut ...	*You can ....*
acheter des produits issus du commerce équitable	*buy fair-trade products*
donner plus d'argent aux bonnes causes	*give more money to charity*
écrire au gouvernement pour demander plus d'argent pour les pays en voie de développement	*write to the government to ask for more money for developing countries*
faire du bénévolat en Afrique ou en Inde	*do voluntary work in Africa or India*
organiser des activités pour collecter de l'argent	*organise activities to collect money*
parrainer un enfant à l'étranger	*sponsor a child abroad*

Les problèmes locaux | *Local problems*

Le problème dans ma ville / mon village, c'est ...	*The problem in my town/my village is ...*
le chômage	*unemployment*
la criminalité	*crime*
les déchets (m)	*litter*
les distractions (f)	*entertainment, things to do*
les transports (m) en commun	*public transport*
que les jeunes s'ennuient	*that young people are bored*
Il n'y a qu'un bus par jour.	*There's only one bus a day.*
Il n'y a pas de poubelles.	*There are no rubbish bins.*
Il n'y a pas de centres de recyclage.	*There are no recycling centres.*
Il n'y a jamais de police dans la rue.	*There are never any police on the street.*
Il n'y a pas assez de travail.	*There's not enough work.*
Il n'y a plus de cinéma/club des jeunes.	*There's no cinema/youth club any more.*
Il n'y a rien pour les jeunes.	*There's nothing for young people.*
J'habite ...	*I live ...*
en ville	*in town*
en banlieue	*in the suburbs*
à la campagne	*in the country*
J'aime / Je n'aime pas y habiter parce que ...	*I like / don't like living there because ...*
C'est trop loin de ...	*It's too far from ...*
Ce n'est pas loin de ...	*It's not far from ...*
Il y a des espaces (m) verts.	*There are parks.*
Il (n')y a (pas) beaucoup de ...	*There is (not) a lot of ...*
C'est trop tranquille/bruyant.	*It's too quiet/noisy.*
Il y a trop de (circulation/pollution).	*There's too much (traffic/pollution).*

L'environnement

Il ne faut pas ...
gaspiller l'eau
gaspiller l'énergie
jeter tous les déchets à la poubelle
trop utiliser la voiture
Il faut ...
acheter des produits bios/verts
économiser l'eau
économiser l'énergie
éteindre la lumière quand on quitte la pièce
mettre un pull au lieu de monter le chauffage
  central
prendre une douche au lieu d'un bain
recycler (le papier/les journaux/le verre/
  les bouteilles/les canettes)
recycler le plus possible
utiliser les transports en commun ou se
  déplacer à vélo

The environment

You mustn't ...
waste water
waste energy
throw all rubbish into the bin
use the car too much
You must ...
buy organic/green products
save water
save energy
switch off the light when you leave the room
put on a jumper instead of turning up the
  central heating
take a shower instead of a bath
recycle (paper/newspapers/glass/bottles/
  cans)
recycle as much as possible
use public transport or travel by bike

Pour protéger l'environnement

J'achète / J'ai acheté / Je vais acheter ...
  des produits bios ou verts
J'utilise / J'ai utilisé / Je vais utiliser ...
  un sac en toile pour mes achats
Je prends / J'ai pris / Je vais prendre ...
  une douche au lieu d'un bain pour économiser l'eau
Je vais / Je suis allé(e) / Je vais aller ...
  au collège à pied
Je partage / J'ai partagé / Je vais partager ...

  la voiture avec d'autres personnes
J'ai regardé / Je vais regarder ...
  une émission sur le réchauffement de la planète
J'ai recyclé / Je vais recycler ...
  mon vieux portable
tous les jours
hier
plus tard

To protect the environment

I buy / I bought / I'm going to buy ...
  organic or green products
I use / I used / I'm going to use ...
  a cloth bag for my shopping
I take / I took / I'm going to take ...
  a shower instead of a bath to save water
I go / I went / I'm going to go ...
  to school on foot
I share / I shared / I am going to
  share ...
  the car with other people
I watched / I'm going to watch ...
  a programme about global warming
I recycled / I'm going to recycle ...
  my old mobile
every day
yesterday
in future

1 **Copiez et remplissez le formulaire en anglais pour Amélie.**

Je m'appelle Amélie Bornand. J'ai quinze ans et mon anniversaire est le treize mars. J'ai un grand frère, mais je n'ai pas de sœur. J'aime les animaux, mais mes parents ne me permettent pas d'en avoir un. Ma mère est professeur et mon père est maçon, mais il est au chômage et ne travaille pas pour l'instant. J'aime la musique et la danse, mais je n'aime pas la natation et le tennis. Mon frère adore le foot, mais je ne comprends pas pourquoi parce que c'est ennuyeux! On se dispute parce qu'il veut toujours regarder le foot à la télé.

Surname: _____
First name: _____
Age: _____
Birthday: _____
Family: _____
Parents' jobs: _____
Pets: _____
Likes: _____
Dislikes: _____

2 **Copiez et remplissez le formulaire pour vous en français et écrivez un paragraphe comme le paragraphe ci-dessus.**

Nom: _____
Prénom: _____
Âge: _____
Anniversaire: _____
Famille: _____
Métiers des parents: _____
Animaux: _____
Ce que j'aime: _____
Ce que je n'aime pas: _____

Je m'appelle …
J'ai … ans.
Mon anniversaire, c'est …
J'ai un frère/une sœur …
Mon père/Ma mère est …/travaille …
J'aime/Je n'aime pas …
Je m'entends bien avec …

lire **1** Que font-ils? Lisez les définitions et trouvez le bon emploi.

1 Une personne qui donne des infos à la télévision ou écrit dans un journal.
2 Quelqu'un qui surveille la piscine et donne des leçons de natation.
3 Quelqu'un qui travaille dans un cabinet médical et soigne les personnes malades.
4 Quelqu'un qui construit les murs d'une maison et travaille avec des pierres, des briques ou du ciment.
5 Une personne qui cultive la terre et élève des animaux pour le lait ou pour la viande.
6 Quelqu'un qui tond le gazon, cultive des fleurs et des plantes et entretient les jardins.

agriculteur   comptable   jardinier   journaliste

maçon   maître-nageur   médecin   menuisier

lire **2** Lisez le texte, puis copiez et remplissez la grille.

Le mercredi

Mercredi dernier, je suis allé au centre des sports et j'ai joué au badminton. Puis l'après-midi, je suis allé en ville et j'ai fait du shopping. J'ai acheté des baskets. Le soir, je suis allé au cinéma avec ma copine. Aujourd'hui, je reste à la maison. Ce matin, je fais la grasse matinée. Cet après-midi, j'écoute de la musique et je lis des magazines. Ce soir, je fais mes devoirs. La semaine prochaine, mercredi matin, je vais aller à la piscine. L'après-midi, je vais aller à mon cours de musique – je joue de la guitare – et le soir, je vais jouer au squash avec mon père.

	mercredi dernier	ce mercredi	mercredi prochain
matin	e		
après-midi			
soir			

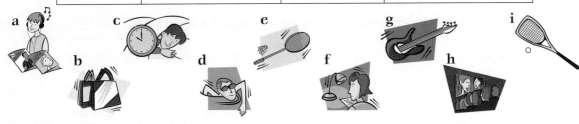

a   c   e   g   i

b   d   f   h

écrire **3** Écrivez un paragraphe.

● **Qu'est-ce que tu as fait samedi dernier?**
Le matin, / L'après-midi, / Le soir, je suis allé(e) ... et j'ai fait/acheté/...
● **D'habitude, que fais-tu le samedi?**
Le samedi, le matin, je vais / je joue/ je fais ...
● **Qu'est-ce que tu vas faire samedi prochain?**
Samedi prochain, le matin, je vais aller / jouer / faire ...

1 Lisez et répondez aux questions en anglais.

A On which days of the week is this film showing?

Spider-Man

Séances tous les jours à 17h30 et à 19h30

B What type of TV programme is on at 8 p.m.?

20.00 Journal: les informations du jour

C What sort of entertainment is *La surprise de l'amour*?

La surprise de l'amour: *Pièce de théâtre*

D How much is a seat in the stalls?

Tarif
Balcon: 12€
Orchestre: 10€

E How much does it cost to see this dance show?

Spectacle de danse. Gratuit.

F How many seats are left for this concert tonight?

Rihanna. Concert ce soir *Complet*
~~Billets   25€, 50€~~

When you come across a word you don't know, like **complet**, try using these strategies:
- Does it remind you of any words in English? (But remember, some words are 'false friends'!)
- Look for clues: why are the ticket prices scored out?
- Use logic. If you can't see any clues, what might the situation be? What often happens with very popular events?

2 Quel slogan (A–D) va avec quelle campagne (1–4)?
Which slogan goes with which campaign?

A
Le téléchargement illégal tue la musique!

C
Ne donne pas ton nom, ton adresse ou ton numéro de téléphone aux gens inconnus sur l'Internet.

B
Utiliser son portable en conduisant cause des accidents.

D
Attention aux micro-ondes! Il est dangereux de téléphoner trop longtemps avec son portable.

1 A campaign about radiation from mobile phones
2 An Internet safety campaign
3 A campaign against illegal downloading
4 A campaign about not using mobiles when driving

1 Lisez cette publicité pour un cirque. Puis lisez les phrases. Identifiez les quatre phrases correctes.

Cirque Diana Moreno Bormann

Tarif: 10 à 30€

Gratuit pour enfants de moins de 4 ans.

Mer., sam., dim. 15h, ven. 20h45.

Spectacle de cirque traditionnel avec tigres, éléphants, autruches, zèbres, chameaux, chiens dressés, mais aussi acrobates, trapézistes et clowns.

Réservations: tél. 01.48.39.04.47.

1 The cheapest tickets to the circus cost 30 euros.
2 It's free for children under four.
3 The circus is open on Sundays.
4 It is on at the same time every day.
5 On Friday, the circus starts at 6.30 p.m.
6 You can see tigers, elephants and trained dogs.
7 There are no trapeze acts.
8 You can telephone to book seats.

2 Write an article about leisure for your French exchange school's magazine. You could include:

● what you usually do in the evenings
● how often you watch TV or go to the cinema
● what types of TV programmes or films you like and why
● what you use the Internet for
● what you did last weekend (e.g. cinema, football match)
● what it was like
● what you are going to do next weekend.

In exam-style tasks like this, you will have to write in more than one tense. Look carefully at each bullet-point to see which tense you need to use: the present tense, the perfect tense or the near future tense.

1 Lisez et trouvez la bonne image.

a  b c  d

1

J'habite un petit appartement dans un grand immeuble en banlieue. Ce que j'aime, c'est qu'il y a un grand espace vert près de la maison, mais on est trop loin des commerces.
Félix

2

Notre maison est un chalet en bois en montagne. C'est très calme et il y a un grand jardin où j'ai fait une rampe pour le skate. C'est joli et je peux faire ce que je veux, mais le soir, je ne peux pas aller au cinéma parce qu'il n'y a pas de bus.
Martine

3

J'habite une maison à la campagne. J'aime la maison. Elle est grande, j'ai ma propre chambre et il y a une piscine, mais le quartier est trop tranquille. Il n'y a rien à faire.
Claude

4

J'habite une vieille ferme dans un village. Les chambres sont petites et nous n'avons pas de douche, mais c'est un quartier calme. Je ne peux pas aller voir mes copains le soir, mais je leur envoie des textos.
Véro

2 Lisez encore une fois et trouvez la bonne personne.

Qui habite ...
1 à la campagne? 3 dans un village?
2 en montagne? 4 en banlieue?

3 Classez les descriptions: avantage (A) ou inconvénient (I)?

1 Il n'y a pas de bus.
2 On est trop loin des commerces.
3 Il y a un grand espace vert.
4 J'ai ma propre chambre.
5 Il n'y a pas de douche.
6 C'est un quartier calme.
7 Il y a un grand jardin.

4 Jeu d'imagination!
Écrivez un paragraphe.

- Où habites-tu?
- C'est comment?
- Avantages?
- Inconvénients?

Trouvez les mots dans le texte.

Maison à vendre

Propriété pleine de charme située dans un cadre très calme et naturel avec superbe vue panoramique, sur un terrain de 20 000m² à proximité du centre du village et des commerces.

Au rez-de-chaussée: cuisine aménagée, grand salon avec cheminée, WC indépendants, garage, buanderie.

À l'étage: une chambre avec salle de bains attenante (bain + WC), deux chambres, salle de douche, WC indépendants. Grand jardin.

1 property	5 surroundings	9 separate toilet
2 shops	6 view	10 fitted kitchen
3 en-suite bathroom	7 ground floor	11 shower room
4 fireplace	8 laundry/utility room	12 near

 Lisez le texte et répondez aux questions en anglais.

J'aime la Normandie. L'année dernière, j'y suis allé en vacances en famille. Nous avons loué un gîte dans une ancienne ferme de campagne pour deux semaines. D'abord, nous sommes allés à Bayeux pour voir la Tapisserie et puis sur les plages du débarquement de 1944. Quand il faisait beau, nous passions des journées entières sur la plage et nous faisions des pique-niques et des balades en vélo. Quand il a fait moins beau, nous avons fait un tour dans la région. Nous sommes allés à Rouen pour voir la Grosse Horloge et la cathédrale et puis à Giverney pour les jardins et les peintures du peintre Claude Monet. C'était extra! On veut y retourner l'année prochaine!
Jérémie

1 Where did Jérémie go on holiday?	6 What did they do when the weather was good?
2 Who did he go with?	7 What did they do when it rained?
3 When did he go?	8 Did he enjoy the holiday?
4 How long did he go for?	
5 What did they see?	

écrire **3 Imaginez que vous avez passé les vacances dans votre région préférée. Décrivez où vous êtes allé(e)s et ce que vous avez fait. Utilisez le texte ci-dessus comme modèle.**

L'année dernière, je suis allé(e) à … avec …

Nous avons logé dans **un hôtel** pendant **une semaine**.

Nous sommes allés à …

Quand il a fait beau, nous sommes **allés en ville / restés à la maison**.

Nous avons **fait des promenades/pique-niques / visité un musée/ un château.**

Le soir, nous avons **dîné au restaurant.**

C'était **génial.**

1 Vous allez où? Notez la bonne lettre.

Which of these places do you go to in order to …

1 buy some ham?
2 catch a bus?
3 buy some stamps?
4 borrow a book?
5 buy some bread?
6 buy some aspirin?

Exemple: 1 f

a **boulangerie**   b **poste**   c **gare routière**   d **pharmacie**   e **bibliothèque**   f **charcuterie**

2 Où êtes-vous allé(e) et qu'est-ce que vous avez acheté? Écrivez une phrase pour chaque magasin.

Where did you go and what did you buy? Write a sentence for each shop.

Exemple: Je suis allé(e) à la boucherie et j'ai acheté du bœuf.

la boucherie   la boulangerie   la confiserie   la charcuterie   la pâtisserie

3 Reliez les images et les panneaux de la gare SNCF.

Match up the pictures with the signs at the railway station.

Exemple: 1 e

1
2
3
4 **BILLET** Paris – St Lazare → Rouen – Rive Droite
5
6
7
8 265

a **Renseignements**
b **Consigne**
c **Guichet**
d **Sortie de secours** →

e **Objets trouvés**
f **Buffet**
g **Départs**
h **Salle d'attente**

Do the easier ones first. Look for words which remind you of words in English, e.g. **buffet**, **départs**, **objets**. Next, use your knowledge of French. You should recognise the word **salle** from talking about your home, and **sortie** is linked to the verb **sortir** (to go out). Finally, look up any words you can't guess.

1 Lisez le guide du grand magasin et trouvez le français.

Exemple: **1** Sous-sol

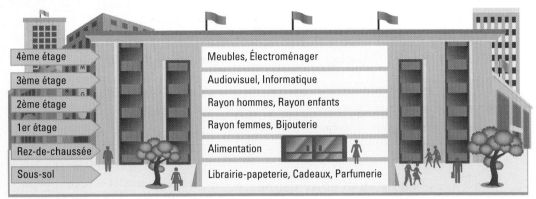

4ème étage	Meubles, Électroménager
3ème étage	Audiovisuel, Informatique
2ème étage	Rayon hommes, Rayon enfants
1er étage	Rayon femmes, Bijouterie
Rez-de-chaussée	Alimentation
Sous-sol	Librairie-papeterie, Cadeaux, Parfumerie

1 Basement
2 Ground floor
3 First floor
4 Children's department
5 Men's department

6 Women's department
7 Computer department
8 Gifts
9 Electrical and household
10 Perfume department

> alimentation – food
> librairie-papeterie – bookshop and stationery department

- Use the picture to help you with the words for the different floors of a building.
- Remember, signs and notices often use abbreviations, e.g. **1er** (**premier**), **2ème** (**deuxième**.)
- Look for words you know from other contexts, e.g. **cadeaux**, **informatique**.
- Use any vocabulary help that is given.
- Ignore any words you don't need to know to do the exercises.

 2 Lisez les phrases et regardez le plan du grand magasin.
C'est vrai (V) ou faux (F)?

Exemple: **1** V

1 Je vais acheter une jupe. Je vais au premier étage.
2 Je vais acheter des carottes. Je vais au quatrième étage.
3 Je vais acheter un ordinateur. Je vais au troisième étage.
4 Je vais acheter une cravate. Je vais au deuxième étage.
5 Je vais acheter un cadeau d'anniversaire. Je vais au sous-sol.
6 Je vais acheter un DVD. Je vais au rez-de-chaussée.

3 Write a blog about shopping for your French exchange partner.
You could include:

- what sort of shops there are in your town
- whether you like shopping and why / why not
- how often you go shopping
- which shops you go to and why
- what you have bought recently
- what you are going to buy next and why.

1 Lisez le texte sur les règles d'une école. Puis lisez les phrases en anglais. C'est quelle règle?
Read the French school rules. Then read the English sentences and match them to the rules.

> les autres – other people
> se battre – to fight
> se comporter bien – to behave well
> courir – to run

1 You must listen to other people.
2 You mustn't bring dangerous objects to school.
3 You must bring the right equipment to school.
4 You must explain the exercise if another pupil doesn't understand.
5 You must get to school on time.
6 You must switch off your mobile in class.

2 Ils ont transgressé quelle règle?
Which rule have they broken

Exemple: 1 règle 4

1 Chloé! Il ne faut pas parler quand on travaille!
2 Sébastien! Où est ton cahier? Il est à la maison?
3 Louis! Il ne faut pas dire que Damien est un idiot.
4 Yasmina! Il ne faut pas courir! C'est dangereux.
5 Servane! Il faut partager le livre avec Marie.
6 Karim! Tu n'as pas fait tes devoirs de maths?

3 Écrivez des règles pour une école imaginaire (par exemple, une école des vampires, une école de rock, une école de foot …).

Les règles de la vie de classe

RÈGLE 1
Il faut respecter les autres.
(Par exemple, il faut écouter les autres, il ne faut pas insulter les autres, il ne faut pas se battre.)

RÈGLE 2
Il faut avoir son matériel pour travailler.
(Par exemple, il faut apporter son cahier, son stylo, ses affaires de gym.)

RÈGLE 3
Il faut travailler de son mieux.
(Par exemple, il faut être à l'heure, il faut faire son travail en classe et ses devoirs.)

RÈGLE 4
Il faut bien se comporter.
(Par exemple, il faut lever la main pour répondre à une question, il faut travailler en silence, il faut éteindre son portable en cours.)

RÈGLE 5
Il faut aider les autres.
(Par exemple, il faut prêter son matériel, il faut expliquer l'exercice si un/une autre élève ne comprend pas.)

RÈGLE 6
Il ne faut pas mettre les autres en danger.
(Par exemple, il ne faut pas apporter d'objets dangereux, il ne faut pas jouer ou courir dans les couloirs.)

École des Animaux

Il ne faut pas manger les profs!

lire **1** **Lisez et trouvez le français.**

L'année dernière, je suis allé en Angleterre avec ma classe. Nous avons passé une semaine chez nos corres. Un jour, nous sommes allés au collège où nous avons participé aux cours. La journée scolaire est moins longue. Les cours débutent à neuf heures et on rentre à trois heures et demie. Les élèves sont plus disciplinés que chez nous. Par exemple, il est défendu de courir, crier ou bousculer dans les couloirs ou les escaliers. Ce qui m'a frappé le plus, c'est qu'ils portent tous un uniforme, même les filles: un pantalon gris, une chemise bleue, un pull noir ou une veste noire. À midi, nous avons déjeuné à la cantine. Ce n'était pas bon. Le soir, mon corres a moins de devoirs que moi et le travail est plus facile que chez nous, mais ils font plus d'informatique et plus de matières facultatives comme les arts dramatiques (ce que j'ai beaucoup aimé).
Frédéric

1 for example	5 to shove
2 it is forbidden	6 What struck me most ...
3 to run	7 optional subjects
4 to shout	8 drama

lire **2** **Lisez et répondez aux questions en anglais.**

1 Where did Frédéric go last year?
2 Who with?
3 What differences did he notice? (*three things*)
4 What struck him most?
5 What did he think of school dinners?
6 Which lesson did he really like?

écrire **3** **Imaginez que vous avez passé une journée au collège en France avec votre corres français. Décrivez votre journée et les différences que vous avez notées.**

You can adapt the letter in Exercise 1, telling the story from the point of view of a British student in France.

1 Qui utilise quoi au travail? Choisissez le bon métier pour chaque image.
Who uses what at work? Choose the correct job for each picture.

Exemple: **1** professeur

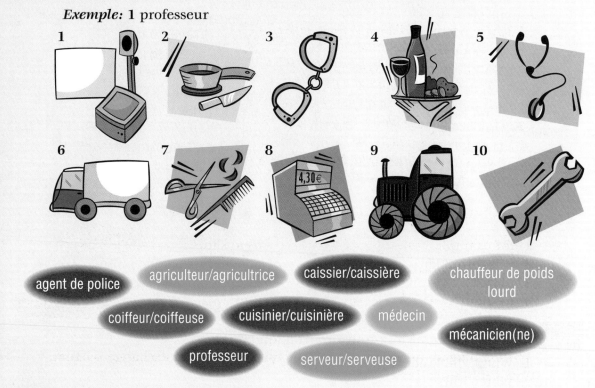

agent de police

agriculteur/agricultrice

caissier/caissière

chauffeur de poids lourd

coiffeur/coiffeuse

cuisinier/cuisinière

médecin

mécanicien(ne)

professeur

serveur/serveuse

2 Lisez cette lettre, puis complétez les détails en français.

1 Prénom: ....Adrien....
2 Nom de famille: ....
3 Profession des parents:
   Père: ....
   Mère: ....
4 Petit job: ....
5 Profession plus tard: ....

> Je m'appelle Adrien Dubois. Mon père est infirmier et ma mère est secrétaire. Le samedi soir, je travaille dans un restaurant. Je gagne 5 euros de l'heure. C'est chouette. Plus tard, je voudrais travailler comme chef parce que j'adore faire la cuisine.

3 Votre corres française, Sophie, vous a envoyé un e-mail. Elle vous pose des questions. Écrivez une réponse.

> 1 As-tu un petit job?
> 2 Tu fais ça quand?
> 3 Combien gagnes-tu?
> 4 C'est comment?
> 5 Qu'est-ce que tu achètes avec ton argent?
> 6 Quel métier voudrais-tu faire plus tard?
> 7 Pourquoi?
>
> Amitiés,
> Sophie

You can adapt part of the text in Exercise 2 to help you write your email.

1 Lisez le texte. Écrivez la lettre du mot qui manque.

Exemple: **1** f

L'année dernière, j'ai fait un stage en (**1**) —————. J'ai passé deux (**2**) ————— dans un magasin de vêtements parce que je m'intéresse à la mode. Je devais ranger les (**3**) —————, aider les clients et (**4**) ————— l'aspirateur. C'était (**5**) —————, mais je ne voudrais pas faire ça plus tard parce que ce n'est pas bien payé. Je (**6**) ————— travailler comme vétérinaire parce que (**7**) ————— les animaux et c'est bien (**8**) —————.
Emma

a	b	c	d	e
intéressant	payé	bureau	semaines	vêtements

f	g	h	i	j
entreprise	passer	gagne	j'aime	voudrais

2 Write a blog about work experience for your French exchange partner. You could include:

- when you did your work experience
- where you did it
- at what time you had to start work
- what kind of things you had to do
- what it was like and why
- what job you would like to do in the future and why.

3 Imaginez que vous êtes une de ces personnes. Qu'est-ce que vous voudriez faire comme métier? Pourquoi? Qu'est-ce que vous voudriez acheter? Écrivez un paragraphe.
Imagine that you are one of these characters. What would you like to do for a living? Why? What would you like to buy? Write a paragraph.

Bart Simpson   Lisa Simpson   Harry Potter

Draco Malfoy   Hermione Granger

Je m'appelle Lisa Simpson. Plus tard, je voudrais travailler comme professeur de musique parce que je suis assez intelligente et j'adore jouer du saxophone. Mais je ne voudrais pas habiter à Springfield. Avec mon argent, je voudrais acheter une petite maison à …

lire 1 Qu'est-ce qu'ils prennent comme casse-croûte? Écrivez les bonnes lettres.

Exemple: **1** p, f ...

1 Moi, j'ai un sandwich au jambon, un biscuit, un yaourt et une boisson pomme fraise.

2 Dans mon sac, j'ai un sandwich au thon avec de la mayonnaise, une brioche, un chewing-gum et une bouteille d'eau.

3 J'ai fait mon casse-croûte moi-même. J'ai un sandwich au saucisson avec des cornichons, une mousse au chocolat et un jus de pommes!

4 Maman m'a fait un casse-croûte. J'ai un sandwich au fromage avec des tomates, une compote de pommes, une canette de coca et un jus d'orange.

écrire 2 Faites un sandwich spécial. Décrivez votre sandwich.

écrire 3 Vous faites une sortie avec votre classe. Qu'est-ce que vous prenez comme casse-croûte?

1 Lisez la liste des activités. On est quel jour?

Exemple: 1 jeudi

Camping de la Forêt
Animations quotidiennes

jour	heure	activité
Lun	14h–17h	Volley/foot/tennis pour les 15 à 18 ans
	21h	Kayak-piscine nocturne
Mar	10h–16h	Descente de la rivière en canoë (accompagnée)
	16h–18h	Équitation
	20h	Tournoi «Trivial Pursuit»
Mer	9h–12h	Aquapolo pour les 15 à 18 ans
	14h–17h	Tournoi: volley/foot/tennis pour les 15 à 18 ans
	21h	Randonnée semi-nocturne accompagnée (5 km)
Jeu	10h–16h	Balade en vélo dans la forêt avec pique-nique
	14h–17h	Volley/foot/tennis pour les 10 à 15 ans
	16h–19h	Tournoi pour ados de baby-foot ou ping-pong
Ven	10h–16h	Randonnée accompagnée (12 km) avec pique-nique
	14h–17h	Tournoi aquapolo
	21h	Soirée musicale: spectacle concert ou bal
Sam	21h	Soirée cinéma: film tout public
Dim	16h	Tournoi de pétanque

1 2 3 4 5 6 7 8

2 On est quel jour aujourd'hui? Utilisez la liste de l'exercice 1.

1 Hier soir, on a vu le film *King Kong.*
2 Demain, je vais faire du cheval.
3 On va faire la descente de la rivière en canoë demain.
4 Je suis fatiguée! Hier soir, on a fait une balade dans la forêt.
5 Ce soir, on a un cours de kayak.

3 Imaginez que vous avez passé les vacances au camping de la Forêt. Qu'est-ce que vous avez fait? Remplissez votre journal.

lundi	*Cet après-midi, j'ai joué au foot, et ce soir, j'ai fait du kayak à la piscine.*
mardi	
mercredi	
jeudi	
vendredi	
samedi	
dimanche	

1 Lisez les textes et répondez aux questions.

Francine
Pour garder la forme, je mange sainement et je fais du sport. Je ne bois pas de boissons sucrées, je ne mange pas de hamburgers ou de chips. Je ne fume pas, mais j'ai un petit faible, les frites! À partir de maintenant, je vais essayer de faire plus de sport.

Moissette
J'en ai marre des régimes. J'ai tout essayé pour perdre des kilos, mais maintenant je mange ce que je veux. Je ne mange pas de gâteaux ou de bonbons parce que je préfère les fruits, mais j'ai un faible pour la mousse au chocolat. À partir de maintenant, je vais essayer de moins fumer.

Antonin
Je ne fais rien pour garder la forme. Le midi, je mange un hamburger et je bois du coca. Je ne fais pas de sport, sauf au collège. Je fume – pas beaucoup, mais quand je sors avec mes copains qui fument. À partir de maintenant, je vais essayer de jouer au basket.

Théo
D'habitude, je suis trop pressé le matin pour manger. Je suis toujours stressé et j'ai souvent mal à la tête. Le midi, je mange un paquet de chips et une pomme, et le soir, je mange un yaourt. À partir de maintenant, je vais essayer de me coucher plus tôt.

Qui …
1 ne prend pas de petit déjeuner?
2 adore les frites?
3 n'aime pas les choses sucrées?
4 mange au fast-food le midi?

2 Trouvez ces mots/phrases dans les textes.
1 I have a weakness for …
2 I'm fed up with diets.
3 I've tried everything …
4 now
5 except
6 always
7 often

3 Écrivez des conseils.
Exemple: Francine, il ne faut pas manger trop de …

4 *Et vous?* Copiez et complétez les phrases.

Je **mange** / **ne mange pas** sainement.
D'habitude, le matin, je mange …
Je ne mange pas … parce que …
Le midi, je mange …
Je bois …
Je ne bois pas de …
À partir de maintenant, je vais essayer de manger/boire …

Danger!

Un fumeur absorbe jusqu'à 4 000 substances chimiques et toxiques chaque fois qu'il fume une cigarette

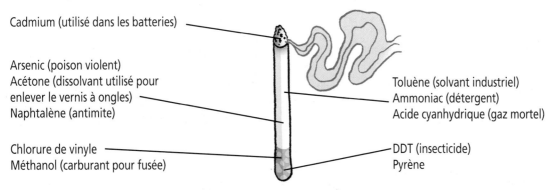

Cadmium (utilisé dans les batteries)

Arsenic (poison violent)
Acétone (dissolvant utilisé pour enlever le vernis à ongles)
Naphtalène (antimite)

Chlorure de vinyle
Méthanol (carburant pour fusée)

Toluène (solvant industriel)
Ammoniac (détergent)
Acide cyanhydrique (gaz mortel)

DDT (insecticide)
Pyrène

 1 Lisez le texte et trouvez les substances toxiques qu'on utilise …
Read the text and find which toxic substances are used …

1 for removing nail varnish.
2 as a rocket fuel.
3 for cleaning.
4 for gassing animals.
5 as an industrial solvent.

Remember, to work out unknown words:
● use the context to help you
● look out for words which are similar to English words
● use what you know to eliminate wrong options.

 2 Trouvez dans le texte les phrases en bleu qui correspondent à ces phrases anglaises.

La moitié des ados ont commencé à fumer à l'âge de 14 ans.
Si tu fumes 20 cigarettes par jour pendant sept ans, cela fait en tout 50 000 cigarettes.
Le tabac irrite la gorge, encrasse les poumons, fatigue le cœur, durcit les artères et réduit l'acuité visuelle.
Le cancer du poumon est le tueur numéro un des fumeurs. Il est difficile à traiter parce que les symptômes n'apparaissent qu'une fois que la maladie est avancée.
Le tabagisme tue plus de gens que l'alcool, le sida, les accidents de voiture et les suicides réunis.
Parmi les enfants qui fument, la moitié mourra des suites du tabagisme.
Si ton meilleur ami fume, tu as 13 fois plus de risques de fumer.

1 daily
2 half of them (the half)
3 AIDS
4 lung cancer
5 reduces
6 the arteries
7 the heart
8 the illness
9 the killer
10 young people (adolescents)
11 your best friend

 3 Votre meilleur copain / meilleure copine fume. Écrivez-lui un e-mail pour expliquer les dangers et pourquoi il faut qu'il / elle arrête.
Your best friend smokes. Write him/her an email explaining about the dangers and why he/she should give up.

1 Lisez la publicité. Puis identifiez les trois phrases correctes.

VENEZ À PARFAITVILLE!

C'est fantastique!

Il y a …

- beaucoup de travail, donc pas de chômage!
- beaucoup de distractions, surtout pour les jeunes!
- beaucoup de police, donc pas de criminalité!
- des transports en commun superbes, donc moins de circulation et moins de pollution!
- beaucoup de poubelles et de containers pour le recyclage, donc pas de déchets dans la rue!

1 Il n'y a pas de chômage à Parfaitville.
2 Il n'y a rien à faire pour les jeunes.
3 Il n'y a jamais de police dans la rue.
4 Il y a beaucoup d'autobus et de trains.
5 Il n'y a pas beaucoup de pollution à Parfaitville.
6 Il n'y a plus de containers pour le recyclage.

2 Écrivez une publicité honnête sur Nulleville!

Ne venez pas à Nulleville!

C'est nul!

- Il n'y a pas assez de travail, donc …

Try to use all of these negative expressions at least once in Exercise 2:

ne … pas   ne … rien   ne … plus
ne … jamais   ne … que

Look back at page 156 to remind yourself how to use these negatives, if necessary.

3 Pour chaque phrase, écrivez un conseil pour protéger l'environnement. Utilisez *il faut.*

For each sentence, write a piece of advice to protect the environment. Use il faut.

Exemple: **1** Il faut utiliser un sac en toile.

1 J'ai utilisé des sacs en plastique pour mes achats.
2 Je vais jeter mon vieux portable à la poubelle.
3 Tous les matins, je prends un bain.
4 Hier, je suis allé en ville en voiture.
5 Si je bois un coca, je jette la canette à la poubelle.
6 Brrrrr! Je vais monter le chauffage central!

1 Lisez le texte et mettez les phrases en anglais dans l'ordre du texte.

La conservation: Il faut sauver ces animaux!

Partout dans le monde, des animaux et des oiseaux sont en danger. En Amazonie, par exemple, on a coupé des milliers d'arbres. On a fait ça pour l'agriculture et pour la création de produits en bois, comme des tables et des chaises. La dévastation de cette forêt tropicale détruit l'habitat de beaucoup de créatures exotiques, comme le jaguar. C'est le même problème en Afrique et à Bornéo, où le gorille et l'orang-outan sont déjà rares. Et dans moins de vingt ans, il n'y aura peut-être plus de tigres en Inde. Si vous voulez sauver ces animaux fascinants, vous pouvez devenir membre du WWF. C'est une organisation qui travaille pour la conservation des animaux en voie d'extinction.

a It's the same problem in Africa and in Borneo, where the gorilla and the orang-utan are already rare.

b In the Amazon Forest, for example, thousands of trees have been cut down.

c It's an organisation which works for the conservation of animals threatened with extinction.

d Throughout the world, animals and birds are endangered.

e If you want to save these fascinating animals, you can become a member of the WWF.

f The destruction of this tropical forest is destroying the habitat of many exotic creatures, such as the jaguar.

g This has been done for farming and to create wooden products, such as tables and chairs.

h And in less than 20 years, it is possible that there will be no more tigers in India.

2 Write an article about your town or village and the environment.
You could include:

- the good things about your town or village
- the bad things about your town or village
- what should be done to protect the environment in your town or village
- what you personally do to help the environment
- what you have done recently for the environment
- what you are going to do for the environment in the future.

The present tense of regular verbs

What are regular verbs?
Regular verbs are verbs which follow the same pattern. In French, they can be divided into three groups (–er, –ir and –re verbs) according to the ending of the infinitive, e.g. *jouer, finir, attendre*.

When do I use them?
All the time! Most verbs are –er verbs, which are all regular except *aller* (to go).

Why are they important?
You can't speak a language without using verbs. They are the basic building blocks.
For your GCSE, you need to be able to use verbs correctly to achieve a Grade C.

Things to watch out for
In English, we have two forms of the present tense: 'I play' and 'I am playing'. In French, they just have one: *je joue*.

How do they work?
■ The ending of the verb changes according to the person of the verb.

	jouer (to play)	finir (to finish)	attendre (to wait)
je/j' (I)	joue	finis	attends
tu (you)	joues	finis	attends
il/elle/on (he/she/it/one)	joue	finit	attend–
nous (we)	jouons	finissons	attendons
vous (you)	jouez	finissez	attendez
ils/elles (they)	jouent	finissent	attendent

● **–er verbs**: Take the –er ending off the infinitive and add –e, –es, –e, –ons, –ez, –ent

● **–ir verbs**: Take the –ir ending off the infinitive and add –is, –is, –it, –issons, –issez, –issent

● **–re verbs**: Take the –re ending off the infinitive and add –s, –s, –, –ons, –ez, –ent.

Reflexive verbs
■ The infinitive of reflexive verbs includes the reflexive pronoun *se: se laver* = to get washed (= to wash oneself), *se lever* = to get up, *se coucher* = to go to bed.
■ The reflexive pronouns are: *me/m', te/t', se/s', nous, vous, se/s'*. e.g. *je **me** lave, tu **te** lèves, il **s'**habille, nous **nous** disputons, vous **vous** couchez, elles **s'**amusent.*

1 Write the correct form of the verbs in brackets.

1 Je ▬ au tennis. (jouer)
2 Mon frère ▬ faire du vélo. (aimer)
3 Ma copine ne ▬ pas de chips. (manger)
4 J'▬ en Angleterre. (habiter)
5 Les cours ▬ à quatre heures. (finir)
6 On ▬ le bus. (attendre)
7 ▬-tu du poulet? (manger)
8 Vous ▬ anglais? (parler)

2 Choose the correct reflexive pronouns and write the correct verb endings.

1 Le matin, je ▬ lèv▬ de bonne heure.
2 Ma sœur ▬ lèv▬ avant moi.
3 Nous ▬ disput▬ pour la salle de bains.
4 Je ne ▬ entend▬ pas bien avec elle.
5 Mes copains ▬ couch▬ à dix heures.
6 À quelle heure est-ce que vous ▬ couch▬?

me   se   m'   se   vous   nous

The present tense of irregular verbs

What are irregular verbs?
They are the verbs that don't follow the normal patterns of regular –er, –ir and –re verbs.

When do I use them?
All the time! Unfortunately, the most common and useful verbs in French are irregular.

Why are they important?
You can't speak a language without knowing the most important verbs like 'to be', 'to have', 'to do' and 'to go'. They are the basic building blocks. For your GCSE, you need to use these verbs accurately to achieve a Grade C or above.

Things to watch out for
French doesn't make any distinction between 'I go' and 'I am going' – *je vais* translates both of those meanings.

How do they work?
■ The most important irregular verbs to learn are:

	être	avoir	aller	faire
je/j' (I)	suis	ai	vais	fais
tu (you)	es	as	vas	fais
il/elle/on (he/she/it/one)	est	a	va	fait
nous (we)	sommes	avons	allons	faisons
vous (you)	êtes	avez	allez	faites
ils/elles (they)	sont	ont	vont	font

■ When learning irregular verbs, always look for patterns!
- The first and second persons singular usually end in –s.
- The third person plural of all the above verbs ends in –ont.

1 Write the correct form of the verbs in brackets, then translate the sentences.

1 Nathan ▬ seize ans. (avoir)
2 J'▬ un chien. (avoir)
3 Mon frère ▬ du VTT. (faire)
4 Il ▬ très sportif. (être)
5 Je ne ▬ pas très sportive. (être)
6 Cet après-midi, je ▬ en ville. (aller)
7 Que ▬-tu ce soir? (faire)
8 Mes copains ▬ au cinéma. (aller)

2 Decide which verb is being used, then rewrite the sentences using the subjects given in brackets.

1 Ce matin, je vais au collège. (tu)
2 Cet après-midi, on a un cours de sport. (je)
3 Aujourd'hui, on fait du jogging. (elle)
4 Mes copains sont paresseux. (il)
5 Ils ne font pas de sport. (je)
6 Je suis fatiguée. (nous)
7 Où vas-tu? (vous)
8 Avez-vous des frères et des sœurs? (tu)

The near future tense

What is it?
You use the near future tense to say what is going to happen.

Why is it important?
Because you often want to say what you (and others) are going to do. You also need to be able to do this to achieve a Grade C in your GCSE.

How does it work?
You use the verb *aller* + an **infinitive**.

aller (to go)	Example infinitives
je vais (I am going)	jouer (to play)
tu vas (you are going)	regarder (to watch)
il/elle/on va (he/she is going / we are going)	écouter (to listen to)
nous allons (we are going)	acheter (to buy)
vous allez (you are going)	faire (to do)
ils/elles vont (they are going)	aller (to go)

Je vais jouer au tennis. (I'm going to play tennis.)
On va faire du judo. (We're going to do judo.)

1 **Choose the correct part of *aller* to complete the sentences. Then copy out the sentences and translate them.**

  1 Je *vais / vas / va* jouer au foot.
  2 Tu *vais / vas / va* faire de la natation?
  3 On *va / allez / vont* regarder le match.
  4 Elle *vais / va / allons* acheter un tee-shirt.
  5 Nous *vais / allons / allez* écouter de la musique.
  6 Il *vais / vas / va* aller au centre de loisirs.
  7 Ils *allons / allez / vont* faire du vélo.
  8 Vous *allons / allez / vont* jouer au squash?

2 **Complete the sentences about what you (or you and your friends) are going to do.**

  1 Ce soir, je vais ▬▬▬▬. (This evening, I'm going to …)
  2 Demain matin, je ▬▬▬▬. (Tomorrow morning, I …)
  3 Demain après-midi, je ▬▬▬▬. (Tomorrow afternoon, I …)
  4 Samedi prochain, mes amis et moi allons ▬▬▬▬. (Next Saturday, my friends and I are going to …)
  5 Dimanche, on va ▬▬▬▬. (On Sunday, we're going to …)
  6 La semaine prochaine, ▬▬▬▬. (Next week, …)
  7 Pendant les vacances, ▬▬▬▬. (In the holidays, …)
  8 L'année prochaine, ▬▬▬▬. (Next year, …)

Asking questions

Why is asking questions important?

You can't get far in French without being able to ask questions! In your GCSE, you will have to ask and answer questions to achieve a Grade C.

How do questions work in French?

■ You can ask 'yes/no' questions in three ways:

1   Change a statement into a question by making your voice go up at the end of the sentence.

Tu as ta propre chambre?   Do you have your own bedroom?

2   Put *Est-ce que* at the start of the sentence.

Est-ce que *tu as ta propre chambre?*

3   Use inversion (i.e. swap the order of the subject and the verb) and add a hyphen.

As-tu *ta propre chambre?*

■ Some questions start with a question word.

Où est ta chambre?   Where is your bedroom?

À quelle heure est-ce que tu te couches?   What time do you go to bed?

Que fais-tu dans ta chambre?   What do you do in your bedroom?

■ Other key question words:

combien de?	how many?	pourquoi?	why?
quand?	when? (day or date)	qui?	who?
quel/quelle/quels/quelles?	which?		
comment?	how? (also used to ask what someone or something is like)		
qu'est-ce que?	(another way of saying) what?		

---

1   **Turn these statements into questions by saying them with rising intonation. Then rewrite them as questions, using *est-ce que* in 1–4 and inversion in 5–8.**

1   Tu partages ta chambre.
2   Ta chambre est grande.
3   Ton lit est devant la fenêtre.
4   Tu te couches à dix heures et demie.

5   Tu aimes ta chambre.
6   Tu as un ordinateur dans ta chambre.
7   Tu ranges tes affaires dans l'armoire.
8   Tu fais tes devoirs dans ta chambre.

2   **Match the beginnings of the questions (1–7) with the correct endings (a–g), then copy them out and translate them. Use the answers to the questions to help you!**

1   ■ **Où ...**
    ● Sur la table.

2   ■ **Combien de ...**
    ● Cinquante!

3   ■ **Qui ...**
    ● Ma petite sœur!

4   ■ **Comment ...**
    ● Elle est grande.

5   ■ **Pourquoi ...**
    ● Parce qu'elle est cool.

6   ■ **À quelle heure ...**
    ● À 10h30.

7   ■ **Qu'est-ce que ...**
    ● Un lit, une armoire et une télé.

a   ... CD as-tu dans ta chambre?

b   ... est ta chambre?

c   ... tu as dans ta chambre?

d   ... est ton ordinateur?

e   ... aimes-tu ta chambre?

f   ... te couches-tu?

g   ... partage ta chambre avec toi?

Mémo grammaire

Adjectives

What are they?

Adjectives are describing words. They describe a noun, a person or thing. Correct use of adjectives will help you achieve a higher grade, because it shows you can use a variety of language and it makes your work more interesting.

Things to watch out for

- In French, adjectives have to 'agree' with the person or thing they describe.
- Most French adjectives and all adjectives of colour come *after* the noun.

How do they work?

- Adjectives agree with the person or thing they describe.
  - To make the feminine form, most adjectives add an *–e* (unless there already is one).
  - To make the plural form, most adjectives add *–s*.
- Some adjectives are irregular.
- Some adjectives don't change, for example words from other languages (e.g. *super*, *cool*) and the colours *marron*, *orange* and colours made up of two words (e.g. *bleu marine*, *vert clair*).

Singular		Plural	
masc.	**fem.**	**masc.**	**fem.**
petit timide	petite timide	petits timides	petites timides
sportif	sportive	sportifs	sportives
paresseux	paresseuse	paresseux	paresseuses
blanc	blanche	blancs	blanches
génial	géniale	géniaux	géniales
beau*	belle	beaux	belles
nouveau*	nouvelle	nouveaux	nouvelles
vieux*	vieille	vieux	vieilles

* Before a word beginning with a vowel or silent *h*, the masculine singular becomes *bel/nouvel/vieil*.

- **Position of adjectives**
  - Most adjectives come after the noun, including all adjectives of colour.
  - Some adjectives come in front of the noun, e.g. *grand*, *petit*, *jeune*, *vieux*, *bon*, *mauvais*, *beau*, *nouveau*, *haut*, *joli*.

Possessive adjectives

What are they?

Possessive adjectives are the words for 'my', 'your', 'his', 'her', etc.

	masc.	**fem.**	**plural**
my	mon	ma	mes
your	ton	ta	tes
his/her	son	sa	ses
ours	notre	notre	nos
your	votre	votre	vos
their	leur	leur	leurs

Things to watch out for

- Possessive adjectives agree with the person or thing they describe, not the person the object belongs to.

1 Choose the correct form of the adjectives.

1 Isabelle est *grand / grande*.
2 Sa sœur est *petite / petits*.
3 Elle est *sportif / sportive*.
4 Son frère est *paresseux / paresseuse*.
5 Mes amis ne sont pas bien *organisés / organisées*.
6 Ils sont *gentils / gentilles*.
7 Mes parents sont *sympa / sympas*.
8 Yannick est le plus *intelligent / intelligente* de la classe.

2 Write out the sentences adding the correct French form of the adjective in brackets.

1 J'ai une ▬ sœur … (big)
2 … et deux ▬ frères. (small)
3 Ma sœur est ▬ … (shy)
4 … mais mes frères sont ▬. (talkative)
5 J'habite une ▬ maison … (old)
6 … dans une ▬ ville. (pretty)
7 J'ai deux ▬ amies … (new)
8 … qui sont très ▬. (sporty)

3 Rearrange the words to form correct sentences and copy them out. Then underline the adjectives and translate the sentences.

1 est grand frère mon paresseux
2 a bleus blonds cheveux copain et les les mon yeux
3 blanche chasse chat grand la le noir petite souris
4 chapeau et fille la petite porte robe rose une un vert
5 a chat copine gris ma un
6 est ma mère petite
7 avec grand habite jardin maison Meugeot Monsieur petite un une
8 a garçon jeune le nouveau rouge un vélo

4 Translate these sentences into French.

1 My big brother is sporty.
2 He wears old blue jeans …
3 … and a new, red sweatshirt.
4 My little sister is talkative and funny.
5 She is wearing a pretty green dress.
6 She has blue eyes and blond hair.
7 My mother has brown eyes and curly hair.
8 My parents are sporty.

5 Add six adjectives to the text. You can use the adjectives below or ones of your own choice. Try to use some of the more unusual ones!

tranquille (quiet)   élégant (elegant)   chic (smart)

joli (pretty)   génial (great)

magnifique (fantastic)   reposant (relaxing)   incroyable (incredible)

Tobi regarde la vue, c'est comme une peinture. Le village se trouve au bord d'une rivière. Il y a des gens qui se promènent à l'ombre des arbres qui bordent la rivière. Un enfant joue avec un ballon. Une famille pique-nique sur l'herbe. Il y a des nuages dans le ciel. C'est calme!

Mémo grammaire

The perfect tense with *avoir*

What is it?
You use the perfect tense to talk about the past.

Why is it important?
You often want to say what you (and other people) did. Talking about the past is one of the things you need to do to achieve a Grade C in your GCSE.

Things to watch out for
- In French, there is no difference between 'I bought' and 'I have bought'. You use the perfect tense for both.
- Make sure you pronounce the –é ('ay') ending on past participles like *joué* (played) to distinguish it from *joue* (play), or you will lose marks!

How does it work?
- You use **an auxiliary** + **a past participle**.
  - Most verbs use *avoir* (to have) as the auxiliary.

j'**ai**	nous **avons**
tu **as**	vous **avez**
il/elle/on **a**	ils/elles **ont**

  - You form the **past participle** of regular –er, –ir and –re verbs as follows:

–er verbs (e.g. *jouer*):	Replace –er with –é	jou**é**
–ir verbs (e.g. *finir*):	Replace –ir with –i	fin**i**
–re verbs (e.g. *attendre*):	Replace –re with –u	attend**u**

  J'ai joué au foot. — I played/I have played football.
  Il a fini le livre. — He finished/He has finished the book.
  Nous avons attendu le bus. — We waited for/We have waited for the bus.

- Some important verbs have an **irregular past participle**. Some of the key ones are:

Infinitive		Past participle
boire (to drink)	→	*bu* (drank/have drunk)
faire (to do/make)	→	*fait* (did/have done or made/have made)
lire (to read)	→	*lu* (read/have read)
prendre (to take)	→	*pris* (took/have taken)
voir (to see)	→	*vu* (saw/have seen)

  J'ai fait de la natation. — I went swimming./I've been swimming.
  Tu as pris le bus? — Did you take the bus?
  On a vu une comédie. — We saw a comedy.

- In the perfect tense, the negative makes a 'sandwich' around the **auxiliary**.
  Je n'ai pas écouté le CD. — I didn't listen/haven't listened to the CD.
- To ask a question in the perfect tense, make your voice go up at the end of the sentence, or start with *est-ce que*.

  Tu as vu le film? — Did you see / Have you seen the film?
  Est-ce qu'il a mangé le gâteau? — Did he eat / Has he eaten the cake?
  You can also use inversion to form a question. To do this, swap the positions of the subject and the auxiliary and add a hyphen.
  Où as-tu acheté ton tee-shirt? — Where did you buy your T-shirt?

1 **Choose the correct auxiliaries, then copy out and translate the sentences.**

1 J' *as / a / ai* mangé un sandwich.
2 Est-ce que tu *ai / a / as* lu le livre?
3 Thomas est sportif. Il *as / a / ai* fait de la natation.
4 On *a / avons / ont* bu de la limonade.
5 Je n' *a / ai / as* pas vu la série.
6 Nous n' *avez / ont / avons* pas pris le train.
7 *A / As / Avons* -tu acheté du pain?
8 *Avez / Ont / As* -vous fini?

2 **Complete the sentences with the past participle of the verbs in brackets. Remember, some past participles are irregular! Then translate the sentences.**

1 Samedi dernier, **j'ai** ▬ deux CD. (acheter)
2 Le soir, **on a** ▬ de la musique dans ma chambre. (écouter)
3 **Vous avez** ▬ au foot dans le parc dimanche? (jouer)
4 Non, **nous avons** ▬ nos devoirs. (finir)
5 Qu'est-ce que **tu as** ▬ hier? (faire)
6 **J'ai** ▬ des photos avec mon portable. (prendre)
7 **Mes parents ont** ▬ un film d'horreur au cinéma. (voir)
8 Lucy n'aime pas la limonade. **Elle a** ▬ du coca. (boire)

3 **Copy out the blog, completing each gap with an appropriate perfect tense verb from the box.**

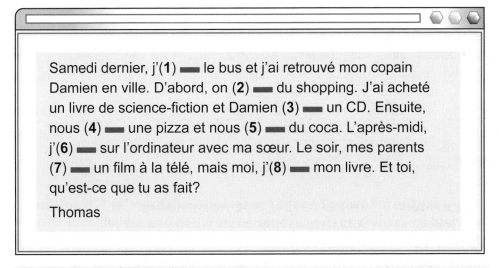

Samedi dernier, j'(**1**) ▬ le bus et j'ai retrouvé mon copain Damien en ville. D'abord, on (**2**) ▬ du shopping. J'ai acheté un livre de science-fiction et Damien (**3**) ▬ un CD. Ensuite, nous (**4**) ▬ une pizza et nous (**5**) ▬ du coca. L'après-midi, j'(**6**) ▬ sur l'ordinateur avec ma sœur. Le soir, mes parents (**7**) ▬ un film à la télé, mais moi, j'(**8**) ▬ mon livre. Et toi, qu'est-ce que tu as fait?

Thomas

| ai lu | a acheté | ai joué | avons bu | ai pris | avons mangé | a fait | ont regardé |

4 **Using Thomas's text as a model, write a short paragraph about what you did last Saturday. Make sure you get the perfect tense verbs right! Don't forget the acute accent (e.g. *acheté*) on many past participles.**

Samedi dernier, _____
_____
_____

The perfect tense with *être*

What is it?
You use the perfect tense to talk about events in the past. Verbs of movement and reflexive verbs form the perfect tense by using part of the verb *être*, plus a past participle.

Why is it important?
You often want to say things like 'I went', 'I arrived' and 'I stayed' to talk about the past. You need to be able to do this to achieve a Grade C in your GCSE.

How does it work?

■ Use the **auxiliary** (*être*) + **the past participle** (check you have the correct ending!).

être		past participles		To the past participle, add …
je	suis	allé	(went)	*–e* if the subject is feminine
tu	es	arrivé	(arrived)	e.g. *Elle est allée au cinéma.*
il/elle/on	est	parti	(left)	*–s* if the subject is plural
nous	sommes	sorti	(went out)	e.g. *Mes parents sont sortis.*
vous	êtes	resté	(stayed)	*–es* if the subject is feminine and plural
ils/elles	sont	rentré	(went home)	e.g. *Mes sœurs sont rentrées.*

■ Reflexive verbs like *se lever* and *se coucher* also take *être* in the perfect tense.

| *Je **me** suis levé(e) de bonne heure.* | I got up early. |
| *Nous **nous** sommes couché(e)s.* | We went to bed. |

1 **Rearrange the words to form correct sentences. Then copy out the sentences and translate them.**

Samedi dernier …

1 levé suis heures. Je huit me à
2 match Je avec allé suis copain. au mon
3 demie. train est Le une à heure parti et
4 arrivés On au deux stade à est heures.
5 stade sortis et quatre On est du heures à demie.
6 suis à Je maison rentré la six à heures.
7 me dix suis demie et couché Je heures. à
8 resté suis Dimanche, la je à maison.

2 **How would you say the following? Adapt the sentences in Exercise 1. If you are girl, remember to add an extra *–e* to the past participle when you use *je*!**

1 Last Saturday, I went to the cinema with my friend.
2 The bus left at two o'clock.
3 We arrived at the cinema at half past two.
4 We came out of the cinema at five o'clock.
5 I got home at half past six.
6 I went to bed at eleven o'clock.

Verbs followed by an infinitive

When do I use the infinitive?
When you have two verbs together in a sentence, the second verb is in the infinitive (it ends in –er, –re or –ir).
'I like swimming' becomes 'I like to swim'. = J'aime **nager**.

Which verbs are followed by an infinitive?
- **Modal verbs**, because they need to be followed by another verb.

  pouvoir (je peux = I am able to, I can)   Je peux **chanter**.

  vouloir (je veux = I want to)   Je veux **boire** quelque chose.

  devoir (je dois = I have to, I must)   Je dois **rentrer**.

  il faut = I/we/you have to   Il faut **finir** tes devoirs.

- Verbs expressing **likes and dislike**s, when followed by a verb.

  aimer (to like)   J'aime **envoyer** des textos.

  préférer (to prefer)   Je préfère **aller** au cinéma.

  détester (to dislike)   Je déteste **ranger** ma chambre.

Why are they important?
Think about how often you say 'I want', 'you can't' or 'we must' in English! Using modal verbs and opinion verbs correctly will help you to achieve a Grade C or higher in your GCSE.

Things to look out for
- In English, after likes and dislikes, etc., the second verb often ends in –ing. This is the verb that goes into the infinitive in French.

  I love cook**ing**.   → I love to cook.   J'adore **faire** la cuisine.

  I hate swimm**ing**.   → I hate to swim.   Je déteste **nager**.

  I prefer danc**ing**.   → I prefer to dance.   Je préfère **danser**.

- The negative words go around the first verb.

  I don't like sing**ing**.   → I don't like to sing.   Je **n'aime pas** chanter.

---

1   Underline the verbs which are in the infinitive, then translate the sentences.

    1   Nathan aime faire du sport.

    2   Son frère n'aime pas jouer au foot.

    3   Je dois faire du jogging.

    4   Ma sœur déteste faire du sport.

    5   Préférez-vous regarder un DVD?

    6   Il faut réviser pour les contrôles.

    7   Nous pouvons écouter de la musique.

    8   J'ai soif. Je veux boire quelque chose.

2   Rearrange the words to form correct sentences, then translate them.

    1   jouer foot. J' au aime

    2   aime n' pas vélo. faire du Théo

    3   une manger préfère Louise pizza.

    4   coca. veux Je un boire

    5   soir. peut Il sortir pas ce ne

    6   veut cinéma. Manon aller au

    7   devoirs. doit D'abord, elle ses faire

    8   texto faut Il Thomas. envoyer un à

3   Translate these sentences into French.

    1   Do you want to go to the cinema?

    2   I have to finish my homework.

    3   Can you come with me?

    4   My brother hates singing.

    5   He prefers to play the guitar.

    6   I love listening to music.

Which ones do I need to know, and what do they mean?
ne … pas (not), *ne … jamais* (never), *ne … plus* (no longer, not any more), *ne … rien* (nothing, not anything) *ne … pas assez* (not enough)

Why are they important?
For your GCSE, if you use several different negatives accurately, you can really increase your chances of getting a Grade C.

How do they work?
- French negatives always have two parts – usually *ne* before the verb and the negative word (e.g. *pas*) after the verb, making a 'sandwich' around the verb.
- Before a vowel or silent *h*, *ne* becomes *n'*.
- If there are **two verbs** together in a sentence, most negatives form a sandwich round the **first verb**.

Il **ne** joue **pas** au tennis.	He doesn't play tennis.
Il **n'a jamais** joué au tennis.	He has never played tennis.
Il **ne** veut **rien** faire.	He doesn't want to do anything.
Il **n'y a pas** de cinéma.	There isn't a cinema.

Things to watch out for
After a negative, *un/une* or *du/de la/des* all become *de*.

Je mange **une** pizza.	→	Thérèse ne mange pas **de** pizza.
Théo fait **du** sport.	→	Louis ne fait pas **de** sport.

1 Make the sentences negative using the prompts in brackets, then translate the sentences.

1 Je joue au foot. (not)
2 Marc mange des burgers. (no longer)
3 Tu manges. (nothing)
4 Sarah a fini ses devoirs. (not)
5 On est allés en ville. (never)
6 J'ai de l'argent. (not enough)
7 Tu as fait du ski? (never)
8 Vous voulez venir avec moi. (no longer)

2 Which negative expressions would you use to translate these sentences into French?

1 Sarah doesn't swim.
2 Marc doesn't eat meat any more.
3 We don't want to go.
4 I have never been skiing.
5 We saw nothing.
6 Marc hasn't got a bike any longer.
7 He doesn't do enough sport.
8 She never has any friends.

3 Make these sentences negative. Use the English translations to help you decide which negative expression to use.

1	Jérémie joue au tennis.	Jérémie doesn't play tennis.
2	Il aime regarder la télé.	He doesn't like watching television.
3	Il aide à la maison.	He never helps in the house.
4	Il s'entend bien avec son père.	He doesn't get on with his father.
5	Il a travaillé.	He has never worked.
6	Il va au club des jeunes.	He no longer goes to the youth club.
7	Il révise pour les contrôles.	He doesn't revise enough for tests.
8	En fait, il fait …	In fact, he doesn't do anything.

Time expressions with different tenses

Why is it important?

- When you use a time expression, you need to use the right tense with it to be understood clearly. For example, you wouldn't say 'Last weekend, I go shopping'. Using time expressions and tenses correctly will also help you to achieve a Grade C in your GCSE.
- The following **time expressions** are normally used with the **present tense**.

d'habitude (usually)	*je joue* (I play)
tous les jours (every day)	*je fais* (I do/make)
tous les soirs (every evening)	*je vais* (I go)
tous les samedis (every Saturday)	*je reste* (I stay)
tous les week-ends (every weekend)	*je sors* (I go out)

- The following time expressions can only be used to refer to **the past**, so use them with the **perfect tense**.

hier (yesterday)	*j'ai joué* (I played)
samedi dernier (last Saturday)	*j'ai fait* (I did/made)
l'été dernier (last summer)	*je suis allé(e)* (I went)
la semaine dernière (last week)	*je suis resté(e)* (I stayed)
l'année dernière (last year)	*je suis sorti(e)* (I went out)

- The following time expressions refer to the **future**, so use them with the **near future tense**.

demain (tomorrow)	*je vais jouer* (I'm going to play)
samedi prochain (next Saturday)	*je vais faire* (I'm going to do/make)
l'été prochain (next summer)	*je vais aller* (I'm going to go)
la semaine prochaine (next week)	*je vais rester* (I'm going to stay)
l'année prochaine (next year)	*je vais sortir* (I'm going to go out)

1. **Look at which tense the verb in each sentence is in. Fill in each gap with a suitable time expression. Finally, translate the sentences into English.**

   1 ▬, je vais jouer au foot.
   2 ▬, je fais du vélo.
   3 ▬, je suis allé à une fête.
   4 ▬, j'ai regardé un film d'horreur.
   5 ▬, je sors avec mon frère.
   6 ▬, j'ai acheté des CD.
   7 ▬, je joue à l'ordinateur.
   8 ▬, je vais manger une pizza.

2. **Look at the time expressions in these sentences to decide which tense each verb should be in. Then copy out the sentences, putting the infinitive in brackets into the correct tense.**

   1 La semaine dernière, je (aller) à un concert.
   2 Hier, je (faire) de la natation.
   3 La semaine prochaine, je (sortir) avec mes copains.
   4 Tous les week-ends, je (jouer) au basket.
   5 D'habitude, je (rester) à la maison.
   6 Samedi prochain, je (aller) au cinéma.

3. **Write six sentences about yourself using different time expressions and verbs in the correct tense.**

Regular verbs

Learn the patterns and you can use any regular verb!

INFINITIVE	PRESENT TENSE (stem + present tense endings)	PERFECT TENSE (auxiliary + past participle)	NEAR FUTURE TENSE (verb aller + infinitive)		
regarder to watch	je regarde tu regardes il regarde nous regardons vous regardez ils regardent	j'ai regardé tu as regardé il a regardé nous avons regardé vous avez regardé ils ont regardé	je tu il nous vous ils	**vais** **vas** **va** **allons** **allez** **vont**	regarder regarder regarder regarder regarder regarder
finir to finish	je finis tu finis il finit nous finissons vous finissez ils finissent	j'ai fini tu as fini il a fini nous avons fini vous avez fini ils ont fini	je tu il nous vous ils	vais vas va allons allez vont	finir finir finir finir finir finir
attendre to wait	j'attends tu attends il attend nous attendons vous attendez ils attendent	j'ai attendu tu as attendu il a attendu nous avons attendu vous avez attendu ils ont attendu	je tu il nous vous ils	vais vas va allons allez vont	attendre attendre attendre attendre attendre attendre
se **coucher** to go to bed	je me couche tu te couches il se couche nous nous couchons vous vous couchez ils se couchent	je me suis couché(e) tu t'es couché(e) il s'est couché nous nous sommes couché(e)s vous vous êtes couché(e)(s) ils se sont couchés	je tu il nous vous ils	vais vas va allons allez vont	me coucher te coucher se coucher nous coucher vous coucher se coucher

Key irregular verbs

INFINITIVE	PRESENT TENSE (Watch out for the change of stems)	PERFECT TENSE (auxiliary + past participle)	NEAR FUTURE TENSE (verb aller + infinitive)
avoir to have	j'**ai** tu **as** il **a** nous **avons** vous **avez** ils **ont**	j'ai **eu** tu as eu il a eu nous avons eu vous avez eu ils ont eu	je vais avoir tu vas avoir il va avoir nous allons avoir vous allez avoir ils vont avoir
être to be	je **suis** tu **es** il **est** nous **sommes** vous **êtes** ils **sont**	j'ai **été** tu as été il a été nous avons été vous avez été ils ont été	je vais être tu vas être il va être nous allons être vous allez être ils vont être
faire to do/make	je **fais** tu **fais** il **fait** nous **faisons** vous **faites** ils **font**	j'ai **fait** tu as fait il a fait nous avons fait vous avez fait ils ont fait	je vais faire tu vas faire il va faire nous allons faire vous allez faire ils vont faire
aller to go	je **vais** tu **vas** il **va** nous **allons** vous **allez** ils **vont**	je **suis** allé(e) tu **es** allé(e) il **est** allé nous **sommes** allé(e)s vous **êtes** allé(e)(s) ils **sont** allés	je vais aller tu vas aller il va aller nous allons aller vous allez aller ils vont aller
prendre to take (also applies to: apprendre, comprendre …)	je **prends** tu **prends** il **prend** nous **prenons** vous **prenez** ils **prennent**	j'ai **pris** tu as pris il a pris nous avons pris vous avez pris ils ont pris	je vais prendre tu vas prendre il va prendre nous allons prendre vous allez prendre ils vont prendre
vouloir to want	je **veux** tu **veux** il **veut** nous **voulons** vous **voulez** ils **veulent**	j'ai **voulu** tu as voulu il a voulu nous avons voulu vous avez voulu ils ont voulu	je vais vouloir tu vas vouloir il va vouloir nous allons vouloir vous allez vouloir ils vont vouloir
pouvoir can/to be able to	je **peux** tu **peux** il **peut** nous **pouvons** vous **pouvez** ils **peuvent**	j'ai **pu** tu as pu il a pu nous avons pu vous avez pu ils ont pu	je vais pouvoir tu vas pouvoir il va pouvoir nous allons pouvoir vous allez pouvoir ils vont pouvoir
devoir must/to have to	je **dois** tu **dois** il **doit** nous **devons** vous **devez** ils **doivent**	j'ai **dû** tu as dû il a dû nous avons dû vous avez dû ils ont dû	je vais devoir tu vas devoir il va devoir nous allons devoir vous allez devoir ils vont devoir

Vocabulaire *français – anglais*

A

à mon avis	in my opinion
à partir de maintenant	from now on
d' abord	(at) first
absolument (pas)	absolutely (not)
absorber	to absorb
accéder à	to get to/to reach
l' accès (m)	access
accompagné(e)	accompanied
être d' accord	to agree
l' accueil (m)	reception
les achats (m)	shopping/purchases
actif/ive	active
l' acuité visuelle	clarity of vision
l' adhésion (f)	membership
l' administration locale	local council
l' ado (m/f)	teenager
affreux/euse	terrible
africain(e)	African
l' agence (f) de voyages	travel agent's
l' agenda (m)	diary
il s' agit de	it's about
agréable	pleasant
l' agriculture (f) (bio)	(organic) farming
l' aide-mémoire (m)	notes as a reminder
aider	to help
l' aire (f) de jeux	children's play area
ajouter	to add
l' alcool (m)	alcohol
alcoolisé(e)	alcoholic
alors	so/then/well
en altitude	at altitude
l' ambiance (f)	atmosphere
aménagé(e)	fitted (kitchen)
amener	to take
américain(e)	American
amoureux/euse	in love
s' amuser	to have a good time
amuse-toi bien	have a good time
l' animateur/trice (m/f)	leader/organiser
animé(e)	lively
l' annonce (f)	advert
antimite (m)	moth balls
apparaître	to appear
l' appareil-photo numérique (m)	digital camera
l' appartement (m)	flat
appeler	to call
apporter	to bring
apprécié(e)	desirable/appreciated
apprendre	to learn
l' apprentissage (m)	apprenticeship
d' après	based on/according to
après les cours	after school
l' arbre (m)	tree
l' argent (m)	money
l' arrêt (m) de bus/car	bus/coach stop
arrêter	to stop
l' arrivée (f)	arrival
l' artère (f)	artery
les arts dramatiques	drama
s' asseoir	to sit down
assez à manger	enough to eat
l' asthme (m)	asthma
faire attention	to be careful
attraper	to catch
au lieu de	instead of
l' auberge (f)	inn
l' auberge (f) de jeunesse	youth hostel
au-dessus de	above
aussi	too
l' auto (f)	car
l' autobus (m)	bus
en automne	in the autumn
l' autoroute (f)	motorway
autour de	around
autre	other
l' autruche (f)	ostrich
il y avait …	there was …
avancé(e)	advanced
avant de	before
l' aventure (f)	adventure

B

le baby-foot	table football
la baignade	swimming
se baigner	to have a swim
le bal	party/dance
le baladeur mp3	MP3 player
la balade en vélo	bike ride
en banlieue	in the suburbs
le bâtiment	building
les BD (f)	comics
la Belgique	Belgium
le/la bibliothécaire	librarian
la bibliothèque	library
bien payé(e)	well paid
bien sûr	of course
bienvenue	welcome
le bifteck	steak
la bijouterie	jewellery department/shop
le billet	ticket
bizarre	strange
le bœuf	beef
le bois	wood
la boisson (alcoolisée)	(alcoholic) drink
la boîte	night club
de bonne heure	early
bonne route	have a good journey
le bonnet	woolly hat
bonsoir	good evening
au bord de la mer	at the seaside
les bords (m)	banks (of the river)
bosser	to work
les boucles (f) d'oreilles	earrings
bouclé(e)	curly
bousculer	to push and shove
la bouteille	bottle
en bref	in short
la brique	brick
le bruit	noise

Bruxelles	*Brussels*
la buanderie	*laundry room/utility room*
la bûche de Noël	*Christmas log cake*

C

le cabinet médical	*doctor's surgery*
faire des cadeaux (m) à	*to give presents to*
le cadre	*setting*
la calculatrice	*calculator*
le canapé-lit	*sofa-bed*
le cancer du poumon	*lung cancer*
la canette	*can*
la cantine	*canteen*
le car de ramassage	*school bus*
le car grand tourisme	*tour bus*
de caractère	*in terms of character*
les Caraïbes (f)	*the Caribbean*
le carburant pour fusée	*rocket fuel*
le cartable	*school bag*
en carton	*made of cardboard*
la case	*box*
le casque	*helmet*
la casquette	*cap*
le casse-croûte	*snack*
à cause de	*because of*
causer	*to cause*
le CDI (Centre de Documentation et d'Information)	*school library/ resource centre*
ce que (je veux)	*what (I want)*
la ceinture	*belt*
célèbre	*famous*
le centre de recyclage	*recycling facility*
cependant	*however/nevertheless*
c'est à qui?	*whose is it?*
c'est-à-dire	*in other words*
C'est de la part de qui?	*Who's speaking?*
chacun(e)	*each one (each person)*
la chaîne hi-fi	*hi-fi*
la chambre d'hôte	*B&B*
le chameau	*camel*
le championnat	*championships*
la chance	*luck*
changer de	*to change*
chanter	*to sing*
le chapeau	*hat*
chaque	*each*
chaque fois	*every time*
avoir chaud	*to feel hot*
chauffé(e)	*heated*
la chaussette	*sock*
la cheminée	*fireplace*
chercher	*to look for*
aller chercher	*to fetch*
le/la chercheur/euse scientifique	*scientist/ researcher*
le cheval (les chevaux)	*horse (horses)*
la chocolaterie	*chocolate factory*
choisir	*to choose*
le choix	*choice*
au chômage	*unemployed*

choqué(e)	*shocked*
la chose	*thing*
le ciel	*sky*
le ciment	*cement*
le cinquième (étage)	*the fifth (floor)*
le circuit touristique	*tourist route*
la circulation	*traffic*
circuler	*to drive*
le cirque	*circus*
la citadelle	*citadel*
la Cité des sciences et de l'industrie	*Science and Industry park*
la clé	*key*
climatisé(e)	*air-conditioned*
le club de vacances	*holiday club*
le club des jeunes	*youth club*
le cœur	*heart*
la combinaison de plongée	*wet suit*
comme	*as/like*
commencer	*to start*
comment	*how*
la commode	*chest of drawers*
complet/complète	*full*
composé(e)	*mixed*
la compote de pommes	*stewed apples*
comprenant	*including*
comprendre	*to understand*
compter sur	*to count on/to expect*
faire les comptes (m)	*to do the accounts*
le comte	*count*
se concentrer	*to focus/concentrate*
le concours	*competition*
le/la concurrent(e)	*competitor*
conduire	*to drive*
la confiance en soi	*self-confidence*
le conseil	*advice*
le/la conseiller/ère principal(e) d'éducation	*attendance and discipline counsellor*
la consigne	*left luggage office*
construire	*to build*
contre	*against*
le cornichon	*gherkin*
le/la corres	*penfriend*
la côte	*coast*
à côté de	*next to*
le couloir	*corridor*
le coup de fil	*telephone call*
la Coupe du Monde	*World Cup*
couper	*to cut (down)*
la coupole	*dome*
en courant	*running*
le cours	*lesson*
faire des courses	*to go shopping*
coûter	*to cost*
la cravate	*tie*
le crayon	*pencil*
la crème Chantilly	*whipped cream*
crier	*to shout*
les crudités (f)	*selection of raw vegetables*
en cuir	*made of leather*
faire cuire	*to cook*

la cuisine (espagnole)	(Spanish) food/cooking	empoisonner	to poison
la cuisine aménagée	fitted kitchen	en dessous	below
le/la cultivateur/trice	farmer	en dessus	above
cultiver	to cultivate/to grow	encore	again/still
		encore une fois	once more
D		encrasser	to clog up
davantage	more	l' endroit (m)	place
débuter	to begin	l' énergie (f) solaire	solar energy
les déchets (m)	rubbish	enfin	finally
la découverte	discovery/exploration	enlever	to take off/to remove
découvrir	to discover	ensemble	together
dedans	inside	entier/ère	whole
défendu(e)	prohibited	entourer	to surround
la définition	definition	l' entraînement (m)	training
dégoûtant(e)	disgusting	s' entraîner	to train
en dehors de	outside	entre	between
les dépanneurs (m)	breakdown service	l' entrée (gratuite)	(free) admission
ça dépend	it depends	entretenir	to maintain
le dépliant	leaflet	environ	about
descendre de	to get off	les environs (m)	the surrounding area
la descente	going down	envoyer	to send
désolé(e)	sorry	équilibré(e)	well balanced
dessus	on it	l' équipe (f)	team
la détente	relaxation	l' équipement (m)	equipment
détruire	to destroy	les équipements (m)	facilities
à deux lits	with two beds	l' équitation (f)	horse-riding
deuxièmement	secondly	l' escalier (m)	stairs
la dévastation	destruction/devastation	l' Espagne (f)	Spain
devenir	to become	j' espère	I hope
le diable	devil	l' essai (m)	try
la dinde	turkey	essayer	to try
dire	to say	essentiel(le)	essential
le/la directeur/trice	headmaster/mistress	l' est (m)	east
à la disposition de	at the disposal of	l' étagère (f)	shelf
la dispute	argument	étanche	waterproof
se disputer	to argue	les États-Unis (m)	USA
le dissolvant	solvent	en été	in the summer
les distractions (f)	entertainment	éteindre	to put out/to switch off
donc	so	l' étoile (f)	star
donner	to give	à l' étranger	abroad
donner à manger à	to feed	étranger/ère	foreign
donner confiance à	to give confidence to	l' événement (m)	(sporting) event
donner sur	to look out onto	(sportif)	
dormir	to sleep	exactement	exactly
dressé(e)	trained	exagérer	to exaggerate
durcir	to harden	l' exercice (m)	physical exercise
durer	to last	physique	
		expérimenter	to try out
E			
l' échange (m)	exchange	**F**	
économiser	to save	fabriquer	to make
écrit(e)	written	facultatif/ive	optional
l' écrivain (m)	writer	la faiblesse	weakness
Édimbourg	Edinburgh	avoir faim	to be hungry
effectué(e)	carried out	faire les magasins	to go shopping
les effets (m) spéciaux	special effects	faire mal	to hurt
faire des		que fait … dans la vie?	what does … do for a living?
efforts (m)	to make an effort	familial(e)	family-run
également	as well	fatiguer	to put strain on
l' électroménager (m)	household appliances	fêter	to celebrate
élever des animaux	to rear animals	le feu d'artifice	fireworks
s' embrasser	to kiss	la figure	face
l' emploi (m)	job	le filtre	filter
l' emploi (m) du	timetable	la fin	the end
temps		la fleur	flower

fleuri(e)	flowery
le foie gras	foie gras (goose liver pâté)
une fois	once
fondé(e)	founded
la forêt	forest
le forfait	bus pass
en forme	fit
le formulaire	form
fort(e)	strong
fortifié(e)	fortified
fourni(e)	provided
frais/fraîche	fresh
ce qui m'a frappé	what struck me
frapper	to strike
les freins (m)	brakes
froid(e)	cold
la frontière	border
la fumée	smoke

G

gagner	to earn/to win
les gants (m)	gloves
le/la garagiste	garage mechanic/owner
gaspiller	to waste
à gauche	on the left
gazeux/euse	sparkling/fizzy
le gazon	lawn
le géant	giant
gênant(e)	embarrassing/annoying
la genouillère	knee pad
les gens (m)	people
le gîte	holiday cottage
la glace (à la vanille)	(vanilla) ice cream
en gomme	made of rubber
la gorge	throat
le goût	taste/liking
la graisse	fat
les grandes vacances	summer holidays
faire la grasse matinée	to have a lie in
gratuit(e)	free
grave	serious
gros(se)	big/fat
la grotte	cave
la guerre	war
le guichet	ticket window

H

handicapé(e)	disabled
haut(e)	high
en haute montagne	high in the mountains
l' hébergement (m)	accommodation
l' herbe (f)	grass
hériter	to inherit
heureux/euse	happy
en hiver	in the winter
la HLM	affordable housing
le hockey sur glace	ice hockey
les horaires (m) de travail	hours of work
l' horloge (f)	clock

I

ici	here
l' île (f)	island
l' image (f)	picture
s' impatienter	to get impatient
l' imperméable (m)	raincoat
l' incendie (m)	fire
indépendant(e)	separate
l' informatique (f)	computers/IT
les infos (f)	the news
installer	to put in
interdit(e)	forbidden
à l' intérieur	inside
interprété(e) par	played by
irriter	to irritate

J

le jardin botanique	botanical gardens
le/la jardinier/ière	gardener
le/la jeune	young person
jeter	to throw (away)
le jour de l'An	New Year's Day
le/la jumeau/jumelle	twin
jumelé(e)	twinned
jusqu'à	until/up to
juste	fair
avoir juste le temps	to have just enough time

K

le karting	go-karting
le/la kinésithérapeute	physiotherapist

L

là-bas	there/over there
le lac	lake
laisser	to leave
le lait	milk
la langue	language
les légumes (m)	vegetables
le liquide vaisselle	washing-up liquid
la location (de vélos)	(bicycle) hire
être logé(e)	to be put up
loger	to stay
Londres	London
le loto	lottery
louer	to hire/to rent
la luge	sledging
les lunettes (f) (de soleil)	(sun)glasses

M

la machine à laver	washing machine
le maçon	builder
magnifique	magnificent
le maillot de bain	swimsuit/swimming trunks
la main	hand
la mairie	town hall
le maître nageur	lifeguard/swimming instructor
malade	ill
malgré	in spite of
malheureusement	unfortunately
manquer	to miss
le manteau	coat
manuel(le)	manual
la marque (de voiture)	make (of car)
marqué(e)	marked
j'en ai marre de	I'm fed up with

le matériel scolaire	things for school
la matière	subject
la matière facultative	optional subject
la matinée	morning
mauvais(e)	bad
le mec	bloke
les médicaments (m)	medicine
le/la meilleur(e)	the best
mêlé(e)	mixed
le/la même	the same
le menuisier	carpenter
mesurer …	to be … tall
mettre	to put (on)
les meubles (m)	furniture
mieux	better
des milliers de	thousands of
mi-long(ue)	mid-length
mince	slim
minuit	midnight
le mode de vie	lifestyle
moi-même	myself
au moins	at least
le mois	month
la moitié de	half of
en montagne	in the mountains
monter dans	to get on
la montre	watch
mort(e)	dead
mortel(le)	lethal
le mot	word/note
le mot clé	key word
le moteur	engine/motor
le motif	logo/pattern
le mur	wall
le musée d'art	art gallery

N

la navette	shuttle bus
ne … jamais	never
ne … personne	no one
ne … plus	not any more
ne … que	only
ne … rien	nothing
nettoyer	to clean
nocturne	by night
Noël	Christmas
le nombre	number
le nord	north
noter	to note down
la nourriture	food

O

les objets trouvés	lost property office
obligatoire	compulsory
l' occasion (f)	opportunity
l' odeur (f)	smell
l' oiseau (m)	bird
l' opérateur/trice d'attractions	ride operator
l' orchestre (m)	stalls (in theatre)
l' ordinateur (m)	computer
l' ordonnance (f)	prescription
l' orphelin(e) (m/f)	orphan
ou bien	or maybe/or even
l' ouest (m)	west

l' ours (m)	bear
ouvert(e)	open

P

la page web	web page
par exemple	for example
le parapente	paragliding
le parapluie	umbrella
le parc aquatique	water park
le parc zoologique	zoo
la parfumerie	perfume department/shop
parisien(ne)	Parisian
parler	to speak
parmi	among
participer à	to take part in
particulier/ière	particular/unusual
à partir de maintenant	from now on
partout	everywhere
pas tellement	not much
le passage clouté	pedestrian crossing
au passé composé	in the perfect tense
passer	to spend
passer un coup de fil	to ring up
la pataugeoire	paddling pool
les pâtes (f)	pasta
le/la patron(ne)	boss
la pause déjeuner	lunch break
la pauvreté	poverty
le paysage	countryside
la pêche	fishing/peach
pédagogique	educational
le/la peintre	painter
la peinture	painting
pendant (la semaine)	during (the week)
le/la perdant(e)	loser
perdre	to lose
perfectionner	to perfect
permettre	to allow
le petit copain	boyfriend
le/la petit(e) ami(e)	boyfriend/girlfriend
la petite annonce	small ad
la petite copine	girlfriend
les petits (m)	little ones (children)
pfui!	phew!
les phares (m)	headlights
la pièce	room
la pièce de théâtre	play
la pierre	stone
les piétons (m)	pedestrians
la place	room/square
la plage	beach
les plages (f) du débarquement	Normandy landing beaches
la planche de surf	surfboard
le plat principal	main course
plat(e)	still (water)/flat
en plein air	in the open air
plein de	lots of
plein(e) de charme	charming
la plongée (sous-marine)	(scuba) diving
la plupart de	most of
la plupart du temps	most of the time

Vocabulaire

il n'y est plus	it's not there any more
de plus	as well
en plus	as well
plus de	more than
plus tard	later on
plusieurs	several
la poche	pocket
la pointure	shoe size
le poisson	fish
pollué(e)	polluted
le polo	polo shirt
le porc	pork
le portefeuille	wallet
poser sa candidature	to apply (for a job)
la poubelle	bin
les poumons (m)	lungs
pour	in order to
pour moi	for me/I think
se précipiter	to hurry
préféré(e)	favourite
premièrement	firstly
prendre	to take/to catch (e.g. bus)
le prénom	first name
au présent	in the present tense
presque	nearly
pressé(e)	in a hurry
la princesse (d'une journée)	princess (for a day)
au printemps	in the spring
le prix (réduit)	(reduced) price
prochain(e)	next
la production d'énergie	energy production
(ils) produisent	(they) produce
les produits (m) chimiques	chemicals
se promener	to go for a walk
promener le chien	to walk the dog
proposer	to suggest/offer
le/la propriétaire	owner
la propriété	property

Q

le quai	platform
qualifié(e)	qualified
le quartier	area of a town
que	that/which/what
que faire?	what can be done?
quelque chose	something
quelquefois	sometimes
quelqu'un	someone
quitter	to leave

R

le rabais	discount
le raisin	grape
ramasser	to pick up
la randonnée	hike
ranger	to tidy/put away
rappeler	to call back
rayé(e)	striped
le rayon	department
à rayures	striped
réalisé(e) par	directed by/put on by
récemment	recently
le réchauffement de la planète	global warming
rechercher	to look for/to seek
recommander	to recommend
recommencer	to start again
la réduction	reduction
réduire	to reduce
le régime	diet
la règle	rule
régulièrement	regularly
rencontrer	to meet
les renseignements (m)	information
rentrer à la maison	to go home
la réparation	repair
réparer	to mend/to repair
le repas	meal
repasser	to retake
répéter	to repeat
la réponse	reply/answer
se reposer	to rest/to relax
représenter	to represent
la restauration	catering/restaurant provision
rester	to stay
les résultats (m)	results
le résumé	summary
retourner	to go back
se retrouver	to meet up
retrouver	to meet up with
la réunion	meeting
réunis	altogether
réussir	to pass
la revanche	revenge
en revanche	on the other hand
le rêve	dream
le réveil	alarm clock
de rien	don't mention it/that's OK
la rivière	river
le roi	king
rouler	to roll/to drive

S

le sac en plastique	plastic bag
saisir	to grab
la salle d'attente	waiting room
la salle de bains (attenante)	bathroom (en-suite)
la salle de détente	common room/lounge (e.g. in youth hostel)
le salon de coiffure	hairdresser's
le sang	blood
sans	without
le sapeur-pompier	fireman
sauf	except
sauver	to save
les sciences (f) physiques	physics
les sciences nat(urelles)	biology
scolaire	school (adj)
la séance	screening
le sèche-cheveux	hairdryer
se sécher (les cheveux)	to dry (one's hair)
le séjour	stay/holiday

deux cent sept 207

le self	canteen/self-service restaurant
selon	according to
en semaine	during the week
sensass	fantastic
le sentiment	feeling
avoir le sentiment de	to feel
sentir	to smell/to feel
sentir la fumée	to smell of smoke
se séparer	to separate/to split up
sérieux/euse	serious
le service restauration	restaurant service
le sida	AIDS
sinistre	sinister
la situation	location
situé(e)	located
le snack	snack bar
la SNCF	French national railway company
avoir soif	to be thirsty
soigner	to take care of
la soirée	evening/party
la soirée cinéma	cinema trip
les soldes (m)	sales
le sondage	survey
sonner	to ring
la sorte	kind/sort
la sortie	trip/outing/exit
la sortie de secours	emergency exit
sortir (se promener)	to go out (for a walk)
sortir en courant	to rush out
souffrir de	to suffer from
souhaiter	to wish
la source (d'énergie)	source (of energy)
sous-titré(e)	subtitled
spécialisé(e) dans	specialising in
le spectacle	show
le sport nautique	water sport
le stage	course
la station balnéaire	seaside resort
le studio	studio flat
la substance chimique	chemical substance
sucré(e)	sweet
la sucrerie	sweet food
le sud	south
les suites (f) de	the effects of
suivi(e) de	followed by
le surnom	nickname
sur place	on the spot
surtout	especially
surveiller	to watch
les SVT (f)	biology

T

le tabac	tobacco
la tâche ménagère	household chore
la taille	size
la tapisserie	tapestry
le tarif	price
tellement	much
le temps	time/weather
le temps libre	free time
le terrain	ground/pitch
le terrain de foot	football pitch
la terre	earth/ground
terrifiant(e)	terrifying
la tête	head
le thon	tuna
le toboggan	slide
tomber	to fall
tondre le gazon	to mow the lawn
la tour	tower
le tournoi	tournament
tout à fait	completely/really
tout ça	all that
tout de suite	straight away
tout finit bien	there's a happy ending
tout le monde	everyone
tout le temps	all the time
tout près	very close
tout public	for everyone
toute la nuit	all night
traiter	to treat
tranquille	quiet/peaceful
travailleur/euse	hard-working
à travers	through
triste	sad
la troisième	third year (equivalent of Year 10)
troisièmement	thirdly
la trousse	pencil case
trouver	to find
se trouver	to be situated
tuer	to kill
le tueur	killer

U

l' usine (f)	factory
utiliser	to use

V

v.o. (version originale)	original language version
(il/elle) va mal	(he/she/it) is not well
la vague	wave
la/la vainqueur	winner
la vedette	star
le véhicule	vehicle
la veille de Noël	Christmas Eve
venant de	coming from
à vendre	for sale
le vernis à ongles	nail varnish
le vestiaire	cloakroom/changing room
la viande	meat
la vie	life
le/la vigneron(ne)	wine grower
vite	fast
vivre heureux/euse	to live happily
en voie d'extinction	in danger of extinction
voilà …	here is …
voir	to see
le vol	flight
le vol libre	hang-gliding
voyager	to travel
vraiment	really
la vue panoramique	panoramic view